SU NOMBRE ES SANTO

SCOTT HAHN

SU NOMBRE ES SANTO

La santidad de Dios y su poder
transformador en la Sagrada Escritura

EDICIONES RIALP
MADRID

Título original: *Holy Is His Name: The Transforming Power of God's Holiness in Scripture*

© 2020 *by* Scott Hahn. Emmaus Road Publishing.
© 2024 de la edición española traducida por Teresa Gómez
by EDICIONES RIALP, S.A.,
Manuel Uribe 13-15 - 28033 Madrid
(www.rialp.com)

ISBN (edición impresa): 978-84-321-6779-9
ISBN (edición digital): 978-84-321-6780-5
ISNI: 0000 0001 0725 313X
Depósito legal: M-9833-2024

Impreso en España   *Printed in Spain*
Anzos, S.L. - Fuenlabrada (Madrid)

*A Jeremiah Hahn,
en el primer aniversario de su
ordenación sacerdotal.*

«Porque el Poderoso ha hecho obras grandes en mí: su nombre es santo»

Lc 1, 49

ÍNDICE

«No tenemos que aprender a tener miedo, pero como hijos de un Dios amoroso, salvados a través de la cruz de Cristo, sí necesitamos aprender a temer a Dios. En *Su nombre es santo*, Scott Hahn explica a sacerdotes y laicos lo que significa ser santo, lo lejos que estamos de la santidad de Dios, así como a maravillarnos y admirar su trascendencia y majestad, y a reconocer nuestro valor y pequeñez ante su compasión omnisciente».

CARDENAL GEORGE PELL
Ex Prefecto de la Secretaría para la Economía

«Los católicos aprendemos a esforzarnos por ser santos. Pero ¿qué significa realmente "ser santo"? En este cautivador libro, Scott Hahn sigue la temática de la santidad en las Escrituras y muestra cómo se trata de mucho más que un buen comportamiento y vivir la religión. La verdadera santidad consiste, en última instancia, en la misma vida divina de Dios habitando en nosotros, cambiándonos y haciéndonos cada vez más semejantes a Él, para que podamos ser sanados de nuestros muchos pecados y debilidades, y comencemos a amar con el amor de Dios. Y esta transformación no es solo para sacerdotes, religiosos o laicos excepcionales; es lo que Dios desea para cada ser humano. Lee *Su nombre es santo* y sin duda te sentirás inspirado para profundizar en tu propio encuentro personal con el poder de la santidad de Dios».

EDWARD SRI
Autor de *El Arte de Vivir: Las Virtudes Cardinales y la Libertad de Amar*

«¡Santidad! Es una llamada universal que a menudo no tiene respuesta. Pero ¿qué es? En su última obra, Scott Hahn recurre a los textos del evangelio en una explicación que nos hace reflexionar sobre lo que verdaderamente significa ser santo. Es un viaje revelador que nos lleva más allá de la modernidad hacia la verdadera santidad transformadora que Dios tiene prevista para todos nosotros».

Doug Keck
Presidente y director ejecutivo de EWTN,
presentador de EWTN Bookmark

«Scott Hahn nos presenta, con un estilo tan teológico como magistral, la rica espiritualidad bíblica de la santidad. Llevándonos desde la generación hippie de los años sesenta y el Movimiento de Jesús, pasando por las escrituras hebreas hasta el Nuevo Testamento y la experiencia cristiana, nos conduce a las alturas místicas de la auténtica santidad en Cristo. Este libro es imprescindible».

John Michael Talbot
Músico ganador del Premio Grammy y escritor

PRÓLOGO

SU NOMBRE ES SANTO es como vino añejo del extenso viñedo de la mente de Scott Hahn. Su tema, la santidad, es algo tan específico (de hecho, la esencia de la santidad es algo así como la singularidad divina) como universal, tanto en el sentido de «la llamada universal a la santidad» (*Lumen Gentium*, capítulo 5) como en el sentido de que toda la historia de la salvación se centra en ella. Nadie está más calificado que Scott Hahn para abrir este tesoro bíblico para la admiración, comprensión y puesta en práctica de los católicos laicos ordinarios como nosotros.

Al igual que la Escritura y la vida misma, este libro descubre cualidades paradójicas que suelen ser mutuamente excluyentes. Yo he contado por lo menos cinco, y ciertamente hay muchas más.

1. La primera es la simultaneidad de trascendencia e inmanencia, o lo sagrado y lo secular de la santidad, tanto en Dios como en el hombre.

Este libro sitúa nuestros débiles esfuerzos individuales por ser santos en el contexto bíblico (es decir, el contexto más amplio, real y revelado por Dios). Un contexto de miles de años de historia providencialmente planificada por la mente de Dios, el más grande de los artistas y dramaturgos, narrador de la historia más grande jamás contada. Uno de los grandes títulos del siglo xx fue *Tu Dios es demasiado pequeño* de J. B. Phillips. *Su nombre es santo* nos muestra que nuestra comprensión de la historia de la santidad (es decir, Su historia) también es demasiado pequeña. Uno de los significados de *trascendencia* es *siempre más*, y este libro nos muestra lo que Hamlet le recordó a Horacio: «Hay más cosas en el cielo y en la tierra, Horacio, de las que han sido soñadas en tu filosofía»[1].

2. Otra paradoja es la armonía de unidad y diversidad, del panorama general y la abundancia de detalles sorprendentemente diferentes en esa larga historia de la santidad. Los datos de Hahn son la revelación divina, es decir, la Escritura interpretada por la Tradición; y la teoría, ciencia o sabiduría para interpretar esos datos es la teología. Al igual que en todas las ciencias, la

---

[1] William SHAKESPEARE, *Hamlet*, primer acto, escena XIII.

teoría se verifica mediante los datos, en la medida en que arroja luz y los unifica. Si buscas que toda la Biblia, desde el *Génesis* al *Apocalipsis*, cobre vida y se ilumine de manera inspiradora, este es el libro adecuado.

Este texto nos muestra que la santidad es un elemento clave, más de lo que pensamos. No es simplemente uno de los muchos atributos divinos o virtudes humanas. Es fundamental para toda la historia de la salvación, y su mejor definición es concreta e histórica en lugar de abstracta y lógica. La santidad no es solo uno de los atributos divinos o humanos, sino el centro de la historia humana. Este libro resume toda la trama de la Biblia. Al fin y al cabo, a diferencia de otros libros religiosos, la Biblia es una historia, de hecho, una historia de amor. Pero una muy extraña y sorprendente.

3. En tercer lugar está la conexión del pasado con el presente. Podemos ver tanto los privilegios que tenemos (por ejemplo, los Sacramentos) como nuestras crisis actuales (la descristianización continua de nuestra cultura y nuestras derrotas en las *guerras culturales*) a la luz de la continuidad con nuestro pasado judeocristiano, que cobra vida en el presente como un animal dormido despertado por una luz repentina. El animal, por supuesto, es Cristo, el león de Judá.

4. Un cuarto aspecto es la unificación de lo teórico y lo práctico. Al igual que san Pablo, san Agustín y santo Tomás, no hay ninguna verdad teológica o histórica que Hahn nos transmita y que no impacte en nuestras vidas. (William James entendía que esa propiedad de marcar la diferencia era la piedra de toque de la verdad). Empezar a ver las cosas de otra manera es empezar a ser de otra manera.

5. Así, la cabeza y el corazón también están unidos, al igual que en Agustín, cuyas estatuas siempre tienen una Biblia abierta en una mano y un corazón ardiente en la otra. Pero este fuego, como la zarza ardiente, no destruye ni consume. Los discípulos en el camino a Emaús dijeron de Cristo: «¿No ardía nuestro corazón mientras [...] nos explicaba las Escrituras?» (*Lc* 24, 32). Esa es la razón por la cual existe este libro y también esta editorial.

Si hay un regalo que Dios desea que tengamos, un regalo que debemos pedir a Dios para todas las personas que queremos, un don que resume todos los demás, incluida la felicidad misma, ese don es la santidad, como se muestra en este libro y en cada libro de la Biblia. Nada se le puede comparar.

PETER KREEFT

PREFACIO

Los católicos aprendemos desde las primeras clases de catequesis a valorar la santidad, a admirarla en los demás y a luchar por conseguirla en la propia vida.

Pero nunca se nos explica exactamente qué *es*.

Escuchamos y leemos historias de santos y se nos dice que lo que tienen en común es la santidad. Cada uno tiene que interpretar esto como pueda.

Es interesante señalar que el glosario del *Catecismo de la Iglesia Católica* no tiene una entrada para la palabra *santidad*, a pesar de que precisamente esa palabra aparece en las definiciones de otros cinco términos.

No tenemos definiciones. Tenemos percepciones: vemos que las personas santas hacen cosas buenas y evitan hacer cosas malas. Alimentan a los pobres y dan hogar a los sintecho. A veces son martirizadas porque se niegan a cumplir leyes injustas. Entonces concluimos que santidad equivale a bondad, o a valentía o filantropía.

Pero luego crecemos y nos enteramos de que hay santos irascibles, como Jerónimo, o maquinadores como Cirilo, intolerantes como Epifanio, o bruscos como Padre Pío. Su comportamiento, a primera vista, destroza nuestros estereotipos de santidad y descubrimos que nuestras preconcepciones eran erróneas.

Podría pasar que nos preguntemos si alguna vez hemos entendido la santidad, o si realmente existe. O si, en caso de existir, vale la pena intentar alcanzarla.

Sin embargo, personas en las que confiamos siguen dando un alto valor a esta cualidad, así que encogemos los hombros y seguimos adelante, sin entender demasiado.

Este es precisamente el problema, mi problema y el de los católicos de nuestra época.

El gran evento sísmico en la Iglesia en el último siglo ha sido el Concilio Vaticano II. Muchas personas discuten sobre sus efectos, pero el papa de aquel momento, san Pablo VI, dejó claro su significado y mensaje central. El Concilio trató sobre «la llamada universal a la santidad», una frase destacada en el título del capítulo 5 de la constitución dogmática sobre la Iglesia: *Lumen Gentium*. Allí encontramos el siguiente llamado: «Quedan, pues, invitados y aun obligados todos los fieles cristianos a buscar insistentemente la santidad y la perfección dentro del propio estado»[2].

El mismo documento explica que las vidas y las ocupaciones de los cristianos son diversas, pero la santidad es una[3].

Esto es algo que claramente es importante para nuestras vidas y, sin embargo, ni siquiera el Concilio Vaticano II, en todos sus documentos, se aventuró a dar una definición.

No obstante, el concepto de santidad ha estado presente en el pueblo de Dios desde el principio de su historia tal y como la conocemos. El tema ha sido objeto de un profundo estudio antropológico en tiempos modernos. Así que deberíamos poder descifrar qué es, y espero hacerlo en las páginas de este libro.

En el artículo 2809, el *Catecismo* sugiere lo que encontraremos en el camino, y es una idea muy atractiva:

La santidad de Dios es el hogar inaccesible de su misterio eterno. Lo que se manifiesta de Él en la creación y en la historia, la Escritura lo llama

---

[2] CONCILIO VATICANO II, *Lumen Gentium*, 1964, §42.
[3] Cfr. ibídem, §41.

Gloria, la irradiación de su Majestad (cfr. *Salm* 8; *Is* 6, 3). Al crear al hombre «a su imagen y semejanza» (*Gn* 1, 26), Dios «lo corona de gloria» (*Salm* 8, 6), pero al pecar, el hombre queda «privado de la Gloria de Dios» (*Rom* 3, 23). A partir de entonces, Dios manifestará su Santidad revelando y dando su Nombre, para restituir al hombre «a la imagen de su Creador» (*Col* 3, 10).

Hay mucho en juego, así que para proceder a este estudio necesitamos mucha motivación, pero prometo que la tarea no será ardua. No se trata de una discusión académica: es una historia, la historia de tu vida y de la mía. Comenzaré por la mía, y pasaremos después a la nuestra.

1. *LUV IS NOT ALL YOU NEED*

Teníamos solo catorce años y estábamos hartos del amor. Habíamos escuchado hablar sobre él a nuestros padres y profesores. Parecía que solo sabían hablar de eso. Habían sido jóvenes durante los emocionantes años 60, cuyo punto culminante fue el *verano del amor* y cuya banda sonora era *All You Need Is Love*[1] de los Beatles. En 1969 habían ido en peregrinación a Woodstock, el festival de tres días cuyo tema era *paz y amor*. Fue su generación la que instó al mundo a *hacer el amor y no la guerra*.

Sin embargo, su generación no era la nuestra. Hoy en día es común agrupar años tan dispersos como 1946 y 1957 en el *baby boom* de la posguerra. Pero de hecho no coinciden, o al

---

[1] All You Need is Love se traduce como «lo único que necesitas es amor». En el título del capítulo el autor hace un juego de palabras, tomando la canción para expresar que «el amor no es lo único que necesitas» (n. de la t.).

menos no coincidían en 1972. Nosotros, como cada generación de jóvenes, considerábamos a nuestros maestros *viejos* a los veintiséis años. Sus ideales y preocupaciones nos parecían lejanos. Su *amor* nos aburría.

Lo escribíamos como *luv* en vez de *love*, como si esa cuarta letra hiciera que la palabra fuera imposiblemente exigente y difícil. En cambio, el diminutivo significaba afecto despreocupado —sincero, espontáneo y real— y calidez, pero sin ningún matiz molesto de esfuerzo o formalidad.

Tampoco quiero exagerar. El planeta nunca deja de girar, y cada nueva generación adolescente se burla y pone los ojos en blanco ante las prioridades de sus predecesores. En unos pocos años, a nosotros también nos llegaría nuestro turno.

Pero aún no lo sabíamos, así que nos estremecíamos cuando esa pequeña palabra surgía desde el atril o el púlpito, y lo hacía cada vez más a menudo. La guerra de Vietnam provocó el reclutamiento militar, y con ello un profundo deseo de que los jóvenes obtuvieran al menos una prórroga. Los profesores y pastores estaban exentos, así que estas profesiones se volvieron enormemente atractivas, especialmente para aquellos inclinados al amor y la paz.

Podíamos ignorar tales actitudes en nuestros ídolos de rock, pero en el colegio y en la parroquia —en mi caso, una iglesia protestante—, simplemente lo aguantábamos. Mis compañeros de clase y yo nos burlábamos diciendo *luv, luv, luv.*

Desafortunadamente, mi rebelión personal no terminó allí. La adolescencia es difícil para la mayoría de los niños. Hice la mía más difícil aún cultivando hábitos de delincuencia menor, que gradualmente fueron creciendo. Pronto estaba incendiando campos, robando álbumes de música, experimentando con drogas. Finalmente me pillaron y supe que mi vida tenía que cambiar. El juez dejó eso claro: fue indulgente porque yo parecía un chico listo, de buena familia. Pensó que yo podía cambiar. Pero puntualizó que tendría una sola oportunidad.

Yo no quería ir a un centro de detención para menores: algunos de mis amigos habían estado allí, y lo habían pasado muy mal. Por razones muy prácticas, necesitaba corregirme, y sabía que eso requeriría una transformación en mi actitud hacia la autoridad.

Comencé a tomar el colegio más en serio. Al menos hice un esfuerzo por escuchar, estudiar para los exámenes y entregar a tiempo la tarea. El juez tenía razón: era un chico listo, así que esto no suponía demasiado trabajo. También empecé a ir a la iglesia con mi familia. Éramos presbiterianos y nuestra iglesia, al igual que la mayoría de las iglesias protestantes en esos días, tendía a la izquierda. La guerra dominaba los pensamientos del clero más joven, y su contacto con el movimiento pacifista los hacía tolerantes hacia otros movimientos afiliados al cambio, algunos de los cuales se apartaban de la moral cristiana tradicional.

Así que cuanto más intentaba adaptarme, más oía hablar de *luv, luv, luv.* Lo soportaba lo mejor que podía. No quería ir a un centro de detención para menores.

Todavía en el instituto, comencé a acompañar a amigos a programas vespertinos y de fin de semana en el Ligonier Valley Study Center en Stahlstown, Pensilvania, más o menos a una hora de mi casa. Esto resultó ser otro logro para mí.

El Study Center, como lo llamábamos, había sido fundado recientemente, en 1971, por un joven que estaba triunfando en el mundo protestante, R. C. Sproul.

Sproul daba conferencias constantemente, y yo me quedaba atónito con sus charlas. No se eran para nada como lo que yo conocía de la escuela o la iglesia. No parecían conferencias. Era divertido y dramático. Contaba historias con las que transmitía puntos difíciles de filosofía, teología y Sagrada Escritura.

Recuerdo en particular unas conferencias que años después formarían su libro de 1985 *La santidad de Dios*, un éxito de ventas y tal vez su obra maestra. Desde el atril nos hablaba de los estudios de Rudolf Otto, un teólogo luterano alemán de principios del siglo xx, conocido por su libro *Lo santo*. La categoría de Otto del «numinoso» me impactó. Yo había experimentado el poder de Dios de maneras extrañas e inexplicables. Podía sentir este poder poniendo orden y disciplina en el caos que había sido mi vida. Sentía que solo podía inclinarme ante el Todopoderoso, que había descendido para salvarme.

Otto hablaba de la presencia santa de Dios como el *mysterium tremendum et fascinans*: un misterio que nos hace temblar, pero a la vez nos fascina. Nos atrae y nos repele. Pedro podía decir honestamente: «Señor, contigo estoy dispuesto a ir incluso a la cárcel y a la muerte» (*Lc* 22, 33), y al mismo tiempo, «Señor, apártate de mí, que soy un hombre pecador» (*Lc* 5, 8).

Esto encajaba con lo que yo sentía en ese momento. Me dejó con un profundo deseo de Dios, pero también con un agudo sentido de mis propias debilidades y mi inclinación al pecado. Esto fue algo sano para un chico adolescente.

Los programas de Ligonier también eran distintos de lo que conocía de otros sitios. En el colegio y en la iglesia todavía estábamos sufriendo la resaca hippie. El *verano del amor* había pasado, pero todavía era lo único de lo que hablábamos. El mundo —también las iglesias— nos seguía diciendo: *luv, luv, luv*. Pero R. C. se hacía eco de las Escrituras, que nos decían: Santo, santo, santo (cfr. *Is* 6, 3; *Ap* 4, 8).

Y Sproul no estaba solo. Invitaba a otros a hablar. Sentíamos que estábamos siendo testigos del comienzo de un gran momento y movimiento en la historia cristiana. Estábamos recuperando el sentido de la trascendencia, soberanía, misterio y poder de Dios.

Todavía era solo un niño, pero empecé a leer libros para adultos. Quería no solo escuchar lo que Sproul decía, sino también leer los libros que él leía. Conseguí una copia de *Lo santo* de Otto, y la examiné detenidamente, tomando notas que ocupaban páginas y páginas.

En el capítulo 4, Otto intentaba describir la experiencia del «suspenso y humilde temblor, en la mudez de la criatura ante... —sí ¿ante quién?—, ante aquello que en el indecible misterio se cierne sobre todas las criaturas»[2]. Citaba las Escrituras que retratan a Dios como temible, feroz y poderoso. El Señor dijo a los israelitas: «Enviaré mi terror por delante y trastornaré todos los pueblos adonde vayas; haré que todos tus enemigos te den la espalda» (*Ex* 23, 27). Y Job suplicó al Señor Dios que le asegurara «que alejarás tu mano de mí, que no me espantarás con tu terror» (*Jb* 13:21).

En tales pasajes, reconocí algunas de mis propias experiencias. No necesitaba que me recordaran mi propia miseria. No era solo un pecador; era un delincuente juvenil, declarado culpable de delitos reales. Tenía vívidos recuerdos de estar temblando frente a un juez y esperar recibir todo el peso de la justicia, solo para encontrarme inundado de una misericordia inesperada. Mi conversión había agudizado esta sensación interna, haciéndome consciente de la justicia celestial, pero también me hacía anhelar saber más.

Me sabía indigno ante Dios. No tenía que convencerme del *mysterium tremendum et fascinans*. Conocía la santidad de Dios, su poder y su alteridad, fugazmente, de momentos de oración en mi habitación. Lo conocía de momentos de

---

[2] Rudolf OTTO, *Lo santo: lo racional y lo irracional en la idea de Dios*, Alianza, Madrid 2016.

gran tristeza y gran gratitud. Lo conocía mientras leía las Escrituras. Lo conocía cuando escuchaba esas charlas en Ligonier. Pero no lo había sentido en la iglesia.

No es que la gente allí no fuera buena. Lo eran. Mis padres eran buenas personas, al igual que mis hermanos. Se preocupaban por la humanidad y cuidaban a las personas. Pensaban globalmente y actuaban localmente. Eran educados y generosos. Sin embargo, por regla general, no eran religiosos en el sentido de los primeros reformadores protestantes.

Martín Lutero fue un hombre que conocía su insignificancia ante Dios. Su primera conversión tuvo lugar durante una tormenta eléctrica cuando la lluvia caía y los rayos quemaban la tierra cercana. Se sintió abrumado por el temor ante el espectáculo, convencido de que Dios había desatado todos los poderes del cielo como castigo por sus muchos pecados. Juan Calvino también quedó impresionado ante el Todopoderoso, y Jonathan Edwards imaginó a los pecadores como arañas arrojadas al fuego mientras soportaban la ira de Dios.

En nuestra iglesia no hablábamos mucho sobre el pecado, ni sobre Dios, en realidad, excepto para mencionar que era Amor y que quería que nos amáramos mutuamente. Todo eso era cierto, pero no parecía ser toda la verdad. ¿Qué era de aquellas experiencias descritas por R. C. Sproul y Rudolf Otto? ¿Qué pasaba con mi propia experiencia personal de Dios?

Westminster Presbyterian era lo suficientemente grande como para emplear a varios pastores, y representaban un espectro de fe e incredulidad. Uno hablaba de la fe mientras que otro dudaba abiertamente de la resurrección y alentaba a los adolescentes a experimentar con las tablas de Ouija.

Mi iglesia no desafiaba las devociones de la sociedad secular. Parecía presentar el *ethos* secular —blanco, estadounidense, de clase media alta— pero en términos más enfáticos y con un barniz de justificación religiosa. En los años 70, eso significaba mucho *luv, luv, luv*.

Esto no era algo nuevo, ni siquiera entonces. En 1937, el teólogo protestante H. Richard Niebuhr resumió el credo tácito del cristianismo estadounidense: «Un Dios sin ira trajo hombres sin pecado a un Reino sin juicio a través de un Cristo sin cruz»[3].

En la década de los 70, la adhesión a las iglesias ya estaba cayendo en picado, y creo que esta

---

[3] H. Richard NIEBUHR, *The Kingdom of God in America*, Harper & Row, Nueva York 1959, p. 193.

31

fue la razón. No había nada diferente, nada trascendente en nuestra versión del Evangelio. La iglesia no se distinguía de todo lo demás en la ciudad. Después de un momento de reflexión, mucha gente concluyó que era menos interesante, relevante o inspiradora que la participación directa en el gobierno local o en clubes filantrópicos cívicos.

No es que las congregaciones carecieran de bondad. Lo que pasaba era que la experiencia estaba desprovista de santidad. R. C. Sproul, sin embargo, retaba a las personas a encontrarse con la divinidad en términos divinos. Y yo estaba respondiendo con todo lo que tenía.

Ese Dios poderoso tomó a este adolescente rebelde, y cristiano apático, y me hizo temblar. Sin embargo, incluso temblando quería más de este Dios misterioso. Era abrumador, y aún así quería que me habitara. Y quería que no solo fuera mío sino de todos. Quería que mi familia y amigos conocieran su grandeza.

En los años venideros, reconocería este miedo como una característica del amor. En ese entonces, solo sabía que no tenía nada que ver con el *luv* del que oía hablar en el colegio y en la iglesia.

Sproul y Otto lo llamaban la *santidad* de Dios, y esa extraña palabra me sonaba acertada. Era una palabra que no encajaba del todo en ninguna otra circunstancia que conocía. Sugería bondad, pero era más que bondad. Sugería alteridad, pero provocaba un deseo de acercarse.

Era algo que había llegado a definir mi mundo de manera inesperada, y algo que necesitaba entender.

Esto fue para mí el comienzo de una verdadera búsqueda religiosa. Lo que había comenzado como un intento desesperado de imponer orden en mi vida se había convertido en algo completamente diferente. En algún momento del camino encontré a Dios: no una idea sobre Dios, sino a Dios mismo, y su presencia me abrumó.

Santidad era la palabra que usaban estudiosos y predicadores cuando describían la admiración e incluso el terror inspirado por Dios en tales encuentros. Es útil conocer los efectos de la santidad, pero quería más que eso. Quería saber no solo las consecuencias, sino qué era. ¿Qué tenía Dios que provocaba tales respuestas en nosotros, seres humanos? ¿Qué era exactamente la santidad? Se hablaba mucho de la santidad, pero las definiciones eran esquivas. Incluso los diccionarios teológicos me decepcionaron. Esto es lo que encontré en uno de los recursos más respetados de la época, el diccionario multivolumen *Interpreter's Dictionary of the Bible*:

SANTIDAD: Lo «dado» que sustenta e impregna toda religión: la marca distintiva y firma de lo divino. Más que cualquier otro término, «santidad» expresa la naturaleza esencial de lo «sagrado». Por lo tanto, debe entenderse, no como un atributo entre otros atributos, sino como la realidad más interna con la que todos los demás están relacionados. Incluso la suma de todos los atributos y actividades de lo sagrado es insuficiente para agotar su significado, ya que para aquel que ha experimentado su presencia siempre hay algo más, que se resiste a la formulación o definición[4].

La entrada pasa de ahí a considerar la etimología, el uso y las asociaciones de la palabra, sin llegar a definir la santidad. En total, el artículo

---

[4] J. MUILENBURG, *The Interpreter's Dictionary of the Bible*, vol. 2, ed. G. A. BUTTICK, Abingdon, Nueva York 1962, p. 616. Para una comprensión más extensa, ver Mark C. MURPHY, *Divine Holiness and Divine Action*, Oxford University Press, Oxford 2021; Stephen C. BARTON, ed., *Holiness: Past and Present*, T&T Clark, Londres 2003; David F. WELLS, *God in the Whirlwind: How the Holy-Love of God Reorients Our World*, Crossway, Wheaton (IL) 2014; Emmanuel DURAND, O.P., "God's Holiness: A Reappraisal of Transcendence", Modern Theology 34, n. 3, Julio 2018, pp. 419-433; Helmer RINGGREN, "Qdš", en *Theological Dictionary of the Old Testament*, ed. G. Johannes BOTTERWECK, Eerdmans, Grand Rapids (MI) 2003, 12:521-545.

ocupa diez páginas de letra pequeña. Ninguna definición.

Del diccionario aprendí lo que la santidad no es, a qué se asemeja y a qué no, de dónde viene la palabra, pero no qué es. Para eso, creía (como buen evangélico) que tendría que buscar en las páginas de la Biblia. Lo sigo creyendo.

No quiero decir que hubiera algo extraordinario en mi experiencia religiosa. De hecho, todo lo contrario. El diccionario tenía razón en este punto: la santidad es una cualidad «que sustenta e impregna toda religión». Por lo tanto, no hay nada único en mi historia. De hecho, es universal. Es la historia de todos los que alguna vez han sentido el poder de Dios o su propia debilidad, o más probablemente, ambas cosas al mismo tiempo. Es la historia de todos los que han experimentado una conversión.

Este libro recoge lo que descubrí en mi búsqueda por encontrar la santidad de Dios. En el camino, me convertí al catolicismo. No voy a contar esa historia aquí porque ya la he contado en otros lugares[5].

---

[5] Ver Jonathan Fuqua y Daniel Strudwick, eds., *By Strange Ways*, Ignatius Press, San Francisco 2022; Scott Hahn y Kimberly Hahn, *Roma, dulce hogar*, Rialp, Madrid 2011; Scott Hahn, *La cuarta copa*, Rialp, Madrid 2018.

Mi conversión probablemente surgirá de vez en cuando, pero solo ocasionalmente, y espero que no sea intrusivo, porque la verdad sobre la santidad es mayor que los fenómenos que provoca en mí o en cualquier otra persona creada, llamada y redimida por el Todopoderoso.

Puede que no esté en el diccionario, pero podemos buscar en las Escrituras.

2. LA GÉNESIS DEL AMOR

DIOS ES TODO LO QUE nosotros no somos: Él es inmortal, nosotros mortales. No tiene comienzo, nosotros celebramos los cumpleaños. Es eterno, nosotros vivimos en el tiempo y la historia. Aunque *el libro del Génesis* nos cuente que estamos hechos a imagen y semejanza de Dios (*Gn* 1, 26) lo que nos distingue es mucho más que lo que nos asemeja a Él. De hecho, tenemos que esforzarnos para encontrar el parecido, que debe estar allí, porque tenemos que creer a la Escritura. ¿En qué sentido podemos decir que nos parecemos a un Ser inmortal, no increado, trascendente y perfecto?

Dios es completamente otro. Sí, es el fundamento de todo ser. Es el creador de todo lo que es, pero eso significa que debe existir *aparte* de todas las cosas creadas.

«Alteridad» es el significado original de la santidad. En la Escritura, la palabra traducida como «santo» es *kadosh*, y es la raíz de otros términos que implican separación. «Matrimonio», por ejemplo, es *kiddushin*, no solo porque es sagrado, sino porque en el matrimonio un hombre y una mujer están «apartados» por su vínculo[1]. Son «otros» respecto a sus familias de origen. Son una unidad distinta dentro de su aldea o tribu, aunque todavía residan dentro de estas sociedades superiores.

Dios, sin embargo, es completamente distinto de su creación. *Kadosh* describe esta cualidad de distinción, y se aplica adecuadamente solo a Dios y a objetos asociados con Dios. Cuando los lingüistas buscan palabras equivalentes en otros idiomas —cuando intentan definir la santidad en sí misma— siempre recurren a términos como separación, apartamiento, otredad, singularidad. Todo lo demás es *algo*. Dios, solo Él, simplemente *es*, y esto inspira temor en aquellas criaturas que tienen la capacidad de reflexionar sobre ello.

Dios también es único —y apartado— en otras formas. Es todopoderoso, omnisciente y totalmente bueno. Cualquiera de estos atributos

---

[1] Jon D. Levenson, *The Love of God*, Princeton University Press, Princeton (NJ) 2016, pp. 90-142, sobre todo pp. 136-37.

parecerá abrumador para aquellos de nosotros cuyo poder, conocimiento y bondad son necesariamente limitados. En presencia de la completa otredad de Dios, sentimos muy agudamente la absoluta escasez de nuestras propias cualidades.

Es esta alteridad de Dios, su diferencia total de nosotros, lo que hace que la gente tiemble de miedo y asombro. Su otredad es el *mysterium tremendum et fascinans* descrito por Rudolf Otto. En la Sagrada Escritura, la cualidad divina (con la típica respuesta humana) aparece en todas partes. Encontramos *kadosh* y palabras derivadas de su raíz más de ochocientas veces en el Antiguo Testamento. Entre ellos, el momento clave es el encuentro de Moisés con Dios en la zarza ardiente:

Moisés pastoreaba el rebaño de su suegro Jetró, sacerdote de Madián. Llevó el rebaño trashumando por el desierto hasta llegar a Horeb, la montaña de Dios. El ángel del Señor se le apareció en una llamarada entre las zarzas. Moisés se fijó: la zarza ardía sin consumirse. Moisés se dijo: «Voy a acercarme a mirar este espectáculo admirable, a ver por qué no se quema la zarza». Viendo el Señor que Moisés se acercaba a mirar, lo llamó desde la zarza: «Moisés, Moisés». Respondió él: «Aquí estoy». Dijo Dios: «No te acerques; quítate las sandalias de los pies, pues el sitio que pisas es terreno sagrado». Y añadió: «Yo soy el Dios de tus padres, el Dios de Abraham, el Dios de Isaac, el Dios de Jacob». Moisés se tapó la cara, porque temía ver a Dios (*Ex* 3, 1-6).

Lo que Moisés ve es extraño. Es diferente a cualquier fenómeno conocido en el mundo: un arbusto arde, pero no se consume. Si hay algo que sea distinto, *otro*, es esto.

Al principio, a Moisés le mueve la curiosidad. «Voy a acercarme a mirar». Pero luego una voz le informa que el lugar es sagrado, santo, y que lo es por la presencia de Dios. La curiosidad de Moisés desaparece y en cambio se llena de temor y asombro.

Todo sigue el patrón que hemos aprendido de Rudolf Otto, que él a su vez aprendió de las Escrituras. Es un patrón que nosotros descubriremos a medida que exploremos el canon bíblico a lo largo de este libro.

El encuentro de Moisés, decíamos, es icónico. Es el momento del que todo el mundo se acuerda, pero llega un poco tarde en la historia de la salvación. Sucede en el segundo libro de la Biblia, el *libro del Éxodo*, y para entonces la idea de la santidad, junto con la típica respuesta humana, ha estado presente durante un tiempo, de hecho, durante todo el período de los patriarcas.

Kadosh, 'santidad', hace su debut léxico en la primera página de la Escritura. El *libro del Génesis*, el primero del canon bíblico, comienza con el relato de cómo «al principio creó Dios el cielo y la tierra» (*Gn* 1, 1). Día tras día, según el relato, Dios construyó el cosmos, formando primero la luz y las tinieblas, luego el cielo y el mar, más tarde las aguas y la tierra seca, después las plantas y los animales, y finalmente al hombre y la mujer. La obra de la creación ocupa seis días en la narrativa, que están hábilmente encuadrados en el primer capítulo del *Génesis*.

Después, al comienzo del segundo capítulo, la *santidad* entra en escena:

> Y habiendo concluido el día séptimo la obra que había hecho, descansó el día séptimo de toda la obra que había hecho. Y bendijo Dios el día séptimo y lo consagró, porque en él descansó de toda la obra que Dios había hecho cuando creó (*Gn* 2, 2-3).

Dios aparta el séptimo día y lo bendice. Lo dedica a sí mismo y a su descanso. El verbo para esta acción (consagrar) se deriva de *kadosh*. Por lo tanto, el séptimo día, el sábado, será considerado santo, porque está especialmente habitado por Dios.

Leemos este pasaje a través del prisma de los libros posteriores de la Biblia, y nos parece poco notable. El *libro del Éxodo*, por ejemplo, habla mucho sobre la observancia del sábado; y la regulación del séptimo día juega un papel importante en la vida de Jesús.

Pero el pasaje es notable, por muchas razones. Primero, porque representa la única instancia en todo el *libro del Génesis* en la que se usa una palabra derivada de *kadosh* para describir la santidad[2]. Aunque la Biblia, y especialmente el Antiguo Testamento, rebosa de la palabra y sus derivados, *Génesis* menciona la santidad solo una vez, en este versículo. Toda la historia de los patriarcas —cincuenta capítulos— transcurre sin siquiera una segunda mención de la palabra *santo* en ninguna de sus formas.

La narración del *Génesis* utiliza la palabra únicamente en su relato sobre el séptimo día. Pero aquí hay otra anomalía: en ningún otro lugar del *Génesis* encontramos una discusión sobre el día de descanso. Es *consagrado* en el segundo

---

[2] En *Génesis* 38, 22-23 aparece tres veces una palabra derivada de *kadosh*, para describir a Tamar como una prostituta. A nadie se le ha ocurrido nunca traducir esa palabra por *santidad*. Es la excepción que confirma la regla. La traducción de la Conferencia Episcopal Española traduce la palabra como *ramera*.

capítulo, pero eso no lleva a ninguna observancia especial en el tiempo de los patriarcas. Buscamos en el libro, desde el tiempo de Adán hasta el tiempo de José, y no encontramos ninguna mención explícita del sábado.

La santidad es la protagonista por un momento, un sábado, y después desaparece.

Al menos, la palabra desaparece. A lo largo del *Génesis* seguimos encontrando hechos relacionados con la santidad: Jacob sueña con la escalera de ángeles y despierta con un profundo sentido de la presencia de Dios. «Cuando Jacob despertó de su sueño, dijo: "Realmente el Señor está en este lugar y yo no lo sabía". Y, sobrecogido, añadió: "Qué terrible es este lugar: no es sino la casa de Dios y la puerta del cielo"» (*Gn* 28, 16-17).

Jacob está abrumado por la experiencia y se siente movido a consagrar el lugar y cambiarle el nombre. En este episodio reconocemos el temor y el estremecimiento que Rudolf Otto describía sobre el encuentro con lo numinoso.

Junto al sentido de la presencia de Dios viene un sentido profundo de la propia indignidad. Esto también podemos verlo en las negociaciones entre Abraham y Dios. Cuando el patriarca se atreve a desafiar el juicio de Dios sobre la ciudad de Sodoma, reconoce: «¡Me he atrevido

a hablar a mi Señor, yo que soy polvo y ceniza!»
(*Gn* 18, 27).

En estos pasajes podemos reconocer respuestas
típicas a la santidad de Dios. Si se tratara de libros
posteriores de la Biblia, la palabra *santo* seguramente habría aparecido en estos relatos: Abraham
habría reconocido explícitamente la santidad de
Dios, o Jacob habría declarado que Betel era un
lugar santo. Pero en *Génesis* esto no sucede.

El término aparece por primera vez el séptimo día de la creación, y es la única vez que
aparece en el primer libro de la Biblia.

Entonces, ¿por qué es sagrado el sábado? Y
una vez que el día se consagra, ¿por qué ninguno de los patriarcas reconoce el hecho y lo
vive como un día santo, como hace Israel en el
siguiente libro?

Los antiguos sabían la respuesta, aunque nosotros, en la era moderna, hemos perdido todas
las pistas que hay en el texto.

El acto por el que las antiguas culturas quedaban vinculadas era la *alianza*[3]. En la antigüedad,

---

[3] Scott HAHN y John BERGSMA, "Covenant", en *The Oxford
Encyclopedia of the Bible and Theology*, ed. Samuel E. Ba-
lentine, Oxford University Press, Nueva York 2015, 1, pp.
151-166; Scott W. HAHN, *Un padre fiel a sus promesas: el*

una alianza era un vínculo de parentesco entre dos partes, establecido mediante un juramento. Creaba una relación familiar que antes no existía. El matrimonio era una alianza: por su poder, dos personas no relacionadas se convertían en marido y mujer. La adopción era una alianza: formaba un vínculo entre padres e hijos donde no existía relación biológica. Lo mismo en un acuerdo entre tribus o naciones. Cada pacto, o alianza, imponía obligaciones a quienes formaban parte de él, y había recompensas por cumplirlo y castigos por no hacerlo.

Al prestar juramento, ambas partes invocaban a Dios como testigo. Esta invocación daba a la alianza su solemnidad y su poder vinculante: Dios aseguraría que la alianza se cumpliera.

Como decíamos, estos juramentos u otros similares eran la base de todas las sociedades antiguas: la hebrea, la egipcia, la babilónica, la persa, la griega, la romana. Inscripciones en piedra dan testimonio de esto, al igual que los pergaminos posteriores.

La Escritura misma también da testimonio, aunque de manera imperfecta en las traducciones. Llamamos a sus partes el Antiguo Testamento

---

amor de alianza de Dios en las Escrituras, Palabra, Madrid 2019; LEVENSON, *The Love of God*, pp. 22-29.

y el Nuevo Testamento. Pero las palabras para *testamento* —*berith* en hebreo, *diatheke* en griego— se traducen, en la propia Escritura, como *alianza*. Testamento es una palabra limitada, que se aplica principalmente a la herencia. La alianza, en cambio, tiene un sentido global, y la mayoría de los idiomas modernos no tienen un equivalente preciso.

En una alianza, el juramento es esencial. Dios está presente en la invocación, y esa presencia remite al *mysterium tremendum et fascinans*. Por lo tanto, el mismo título de los libros bíblicos —la Antigua o Nueva Alianza— estaba destinado a inspirar un temor santo y a transmitir el poder vivificador de su contenido. La Escritura cuenta la historia de muchas alianzas humanas, hechas por hombres ante Dios. Pero la historia principal, la narrativa que une todos los libros de ambos Testamentos, es la historia de las alianzas de Dios con los seres humanos. La Iglesia las reconoce como dos: Antigua y Nueva. Pero la historia de la Antigua Alianza se extiende a lo largo de milenios, y el pacto se rompe y se renueva muchas veces en los libros que conocemos como el Antiguo Testamento.

Los antiguos estaban de acuerdo, sin embargo, en que esta alianza se había forjado en la creación. El *Génesis* lo deja claro, en su forma arcaica, mediante el uso de términos que sus primeros oyentes entendían como pactuales.

¿Por qué Dios pronuncia su bendición sobre el séptimo día? ¿Y por qué ese día es *consagrado*? ¿Por qué se inviste de una santidad que lo hace esencialmente diferente de todos los demás días?

Encontramos la respuesta en la palabra hebrea para siete, *sheva*. También es la palabra para juramento, y hacer juramento se decía *hacerse un siete*. La primera alianza entre hombres aparece en *Génesis* 21, e implica el intercambio de siete corderas; y desde entonces «se llama aquel lugar Berseba, porque allí juraron los dos» (21-31). Berseba significa *pozo del juramento*[4].

Por tanto, en el clímax de la creación Dios mismo establece la forma primordial de la alianza. Bendice el cosmos y crea un vínculo familiar con las criaturas especiales que ha hecho a su imagen y semejanza. Al bendecir el séptimo día, Dios establece una alianza con la humanidad.

Como todos los pactos posteriores, la historia de la creación tiene un mediador —Adán—, un signo —el sábado— y unas obligaciones: Adán debía servir como hijo y representante de Dios, dominando la tierra. Disfrutaría de recompensas si cumplía los términos del pacto; si no, sería castigado.

---

[4] Scott HAHN, *Comprometidos con Dios*, Rialp, Madrid 2006.

Aquí es donde comienza la historia de la humanidad. Comienza con una alianza. Sin esto, no entenderemos el resto de la historia. Los pactos posteriores de Dios —con Noé, Abraham, Moisés y David— no tienen sentido sin la consagración del séptimo día. Cada juramento y cada vínculo familiar remiten a este momento.

«Bendijo Dios el día séptimo y lo consagró». Esta es la verdad que precedió al pecado original. Dios compartió su santidad con su creación, y con ella llegaron la paz, la fertilidad y la integridad.

El *Catecismo de la Iglesia Católica* (§288) confirma que la bendición originaria del sábado significa una alianza: «Así, la revelación de la creación es inseparable de la revelación y de la realización de la Alianza del Dios único, con su pueblo. La creación es revelada como el primer paso hacia esta Alianza, como el primero y universal testimonio del amor todopoderoso de Dios».

Adán peca y viola el pacto, y las consecuencias son inmediatas y duraderas. El hombre y la mujer vivirán en discordia con la naturaleza (cfr. *Gn* 3, 16-19). El trabajo será arduo. La tierra se resistirá a los esfuerzos humanos por llenarla y someterla. El amor humano y el dar a luz estarán acompañados de dolor y sufrimiento.

Aún más, la mención misma de la santidad, que apenas había sido introducida, desaparece del registro bíblico, al menos durante el resto del *Génesis*.

El *Génesis* es un libro de misterios y enigmas. Como obra de arte literario, es la clave interpretativa de cada una de las obras que le siguen. Es un preludio necesario para la historia que viene inmediatamente después, la del Éxodo.

Según la tradición, los cinco primeros libros de la Biblia, la Torá, son un todo integral. Cuentan una historia única que está completa en sí misma, aunque su resolución llegará solo mucho después, en la plenitud del tiempo[5].

Si queremos entender el significado bíblico de la santidad, primero debemos recuperar el sentido de la unidad literaria de la Torá. No es una antología de cinco obras dispares. Aún menos un conjunto de leyes de tribus e ideologías rivales. Aunque está compuesta de distintas fuentes originales, sigue siendo el trabajo de un artista cuidadoso y deliberado. El Éxodo completa el *Génesis*[6].

---

[5] John H. Sailhamer, *The Pentateuch as Narrative: A Biblical-Theological Commentary*, Zondervan Academic, Grand Rapids (MI) 1995.

[6] Cfr. P. J. Wiseman, *Ancient Records and the Structure of Genesis: A Case for Literary Unity*, Thomas Nelson, Nashville 1985; John Bergsma and Jeffrey L. Morrow, *Murmuring*

La historia de la creación concluye con el establecimiento de la alianza de Dios con su creación en el séptimo día. Pero la alianza encontraría su plena expresión solo con el Éxodo, cuando Dios estableció su santuario no solo en el tiempo sino también en el espacio. Escogió un pueblo, Israel, y lo declaró santo y suyo.

against Moses: The Contentious History and Contested Future of Pentateuchal Studies, Emmaus Academic Press, Steubenville (OH) 2022.

3. EXPLOSIÓN DE SANTIDAD

El contraste entre el *Génesis* y el Éxodo no
podría ser más llamativo:

El *Génesis* es inusual entre los libros bíblicos
porque la raíz de la palabra *kadosh*, que significa *santo*, aparece solo una vez. En Éxodo, sin
embargo, encontramos una verdadera explosión
de santidad. *Kadosh* y sus variantes aparecen
un total de noventa y ocho veces, en setenta y un
versículos: setenta veces como sustantivo, vein-
tiocho veces como verbo (equivalente *santificar*
o *consagrar*). Muchos de los sustantivos tienen
fuerza adjetival al ser traducidos: así que *el lugar
de santidad* se convierte en *el lugar santo*. Si hay
una palabra característica del Éxodo, es *kadosh*,
que casi no aparece en *Génesis*.

Este es un cambio significativo y repentino.
No podemos olvidar que hay continuidad lite-
raria entre los dos primeros libros de la Biblia.
Éxodo continúa la historia contada en *Génesis*.

El primer libro termina con el pueblo hebreo migrando a Egipto; el segundo comienza con su esclavización en esa tierra extranjera. La tradición sostenía que ambos libros —de hecho, los cinco libros de la Torá— fueron escritos por la misma mano. Sería de esperar que fueran similares en su visión del mundo y su vocabulario. Sin embargo, aquí vemos una diferencia tan evidente e importante que exige investigación.

Kadosh aparece por primera vez en Éxodo en el capítulo 3, en la famosa escena de la zarza ardiente. Se le dice a Moisés que se quite las sandalias porque el suelo es *sagrado*. Y empieza la acción. La palabra utilizada para describir el sábado en *Génesis* ahora se aplica a un pequeño trozo de tierra en el monte Horeb. La palabra usada en *Génesis* para describir un intervalo de tiempo ahora se usa para describir una pequeña medida de espacio. La zarza ardiente, como el séptimo día, ha sido consagrada. Es una criatura dotada de una cualidad propia de Dios: la santidad.

En la zarza ardiente, Dios se manifiesta de una manera más poderosa y cercana. El fenómeno es diferente a los diálogos de Abraham y los sueños de Jacob. En Horeb, la presencia de Dios impone obligaciones inmediatas al hombre presente: debe mantener cierta distancia y quitarse los zapatos. Solo podemos concluir que hay una diferencia cualitativa en este evento, una diferencia en magnitud. Dios se acerca al hombre de una manera nueva e inédita.

La zarza está lejos de ser el último objeto descrito como santo o sagrado. Poco después, los ejemplos de *kadosh* y sus variantes comienzan a multiplicarse. En la traducción al español, *santo* o *sagrado* (en hebreo tienen la misma raíz) acompañan a una amplia gama de objetos materiales:

> asamblea (*Ex* 12, 16)
> morada (15, 13)
> nación (19, 6)
> sábado (20, 11)
> lugar (26, 33)
> ornamentos (28, 2)
> ofrendas (28, 38)
> diadema (29, 6)
> carne (29, 34)
> pan (29, 34)
> altar (29, 37)
> tienda (29, 44)
> unción (30, 25)
> utensilios (30, 28)
> óleo (30, 32)
> incienso (30, 35)

La mayor concentración de términos sagrados está en los capítulos 28-31, la sección que trata sobre los objetos utilizados para el culto.

Lo que todos estos elementos tienen en común es su uso en el culto sacrificado. Se reservan con ese propósito. Son *otros*, se apartan de cualquier función ordinaria.

Los objetos *de santidad* se reservaban para el servicio de Dios. No debían ser empleados para ningún otro propósito. Por ejemplo, las copas usadas para las libaciones (cfr. *Ex* 25, 29) no podían ser utilizadas en ningún banquete, ni siquiera para la boda de un líder nacional o tribal. Estaban reservadas solo para Dios, o más bien para el encuentro de Dios con su pueblo.

Esto es especialmente cierto para el objeto *santo* más mencionado en Éxodo: el lugar santo, santuario, o tabernáculo. El santuario fue, desde el tiempo del Éxodo en adelante, el único lugar en la tierra donde se podía ofrecer sacrificio de forma legítima. Era un lugar único en el mundo, donde habitaba la presencia de Dios. La adoración estaba geográficamente restringida de una manera que no se había dado antes: en *Génesis*, Abraham podía establecer un árbol como santuario (*Gn* 21, 33); Jacob podía ungir una piedra para el mismo propósito (*Gn* 28, 18-22).

Ahora, sin embargo, se requería que el pueblo de Dios fijara su mirada en un solo lugar, y ese lugar era santo.

El santuario era el único lugar donde Dios podía ser servido, y solo allí podía encontrarlo su pueblo elegido. En el libro de Éxodo vemos cómo Dios adopta a un pueblo y lo hace suyo. Separa a los israelitas de la población entre la que han estado viviendo. Los saca de la tierra de Egipto. Los reserva para un propósito especial en la historia. Como pueblo, serán sus hijos. Colectivamente, serán santos.

Su medio para apartarlos es la alianza, lo que nos lleva de vuelta al *séptimo día* del *Génesis*. Como vimos en el capítulo anterior, una alianza es un pacto entre dos partes, establecido mediante un juramento. En el séptimo día, Dios hizo un pacto con la creación, representada por Adán y Eva. Al descansar el séptimo día, Dios hizo un juramento de fidelidad a sus criaturas. Pero la pareja primordial rompió el pacto con su desobediencia, y eso tuvo consecuencias catastróficas. Después, gradualmente, Dios comenzó a renovar la alianza, primero con la familia de Noé y luego con la tribu de Abraham.

Ahora, en Éxodo, Dios convoca a una *nación santa* (19, 6) y hace su pacto con ellos. Es un pacto registrado en un libro (24, 7) y sellado con sangre sacrificial (24, 8)[1].

Cuando llega el momento de sellar la alianza, sin embargo, Dios vuelve al signo de su bendición original. El signo de su pacto con Israel es una re-edición del signo de su pacto primordial con la creación. Dios dice a Moisés: «Los hijos de Israel guardarán el sábado de generación en generación como alianza perpetua. Será señal perpetua entre yo y los hijos de Israel, pues en seis días hizo el Señor los cielos y la tierra, y el séptimo descansó y tomó respiro» (*Ex* 31, 16-17).

¿Qué sucede aquí? ¿Por qué el Éxodo hace referencia de repente al día santificado por Dios al final del relato de la creación en *Génesis*?

El rabino Joshua Berman, un erudito bíblico contemporáneo, resume cómo el antiguo Israel entiende este asunto.

En un primer nivel, la creación terminó aquel primer sábado. En un segundo nivel, sin

---

[1] John H. WALTON, *Old Testament Theology for Christians: From Ancient Context to Enduring Belief*, IVP Academic, Downers Grove (IL) 2017, p. 157: «El estado sagrado identificaba la relación de Israel con su Dios. La santidad era resultado de la alianza, se ilustraba en la Torá, era un estado esencial para que Dios habitara con el pueblo en el templo, y constituía la identidad de Israel como socios en los propósitos de Dios de llevar orden al cosmos».

embargo, solo concluyó verdaderamente una vez que se completó el tabernáculo. Las distintas partes del mundo físico se completaron en el sexto día de la creación, pero el propósito último de estos elementos —ser dedicados al servicio de Dios— solo se realiza una vez que se construye el santuario, para servir como punto de referencia universal para el servicio de Dios[2].

Así que cuando Dios hace su pacto con Moisés, está completando la creación. Ahora ha establecido un santuario en el espacio que coincide con su santuario en el tiempo, que es el sábado.

También en este momento, por primera vez, ordena la *observancia* del sábado. Al principio, Dios descansó en el séptimo día. Pero ahora invita al pueblo elegido a compartir su descanso. Deben «[recordar] el día del sábado para santificarlo» (*Ex* 20, 8), como Dios lo «bendijo [...] y lo santificó» (20, 11).

Es el final de una era y es el principio de la siguiente. Es el final de la era de los patriarcas y el principio del tiempo de la ley[3].

---

[2] Joshua BERMAN, *The Temple: Its Symbolism and Meaning Then and Now*, Jason Aronson, Northvale (NJ) 1995, p. 14.

[3] Cfr. R. W. L. MOBERLY, *The Old Testament of the Old Testament: Patriarchal Narratives and Mosaic Yahwism*, Fortress Press, Minneapolis (MN) 1992.

Por supuesto, había leyes antes del tiempo de Moisés. En *Génesis* 9, Dios emite mandamientos relacionados con su pacto con Noé. Más tarde, los rabinos discernieron siete leyes noájidas (o leyes de Noé) en el texto. Las primeras cinco prohíben la idolatría, la blasfemia, el asesinato, el adulterio y el robo. La sexta requiere la institución de tribunales para la administración de la justicia. La séptima prohíbe comer carne cortada de un animal vivo. Principalmente son preocupaciones éticas[4].

Sin embargo, la ley dada a Moisés es mucho más elaborada, y se dedica casi en su totalidad al culto. También incluye muchos mandamientos relacionados con la moral, pero incluso estos se presentan como preocupaciones litúrgicas. Los israelitas deben vivir y actuar de manera que mantengan la pureza y sigan siendo *santos* y dignos de participar en el culto y la vida en común del pueblo elegido de Dios.

En el *libro del Éxodo*, Dios dicta, hasta los últimos detalles, la construcción del tabernáculo, el *lugar*

---

[4] Cfr. David NOVAK, *The Image of the Non-Jew in Judaism: A Historical and Constructive Study of the Noahide Laws*, Littman Library of Jewish Civilization, segunda edición, Liverpool University Press, Liverpool 2011.

de santidad. Sus partes deben ser elaboradas con los metales más preciosos y la madera más costosa, cubiertas con el lino más fino e impregnadas de incienso preparado por profesionales calificados que utilicen solo ingredientes puros.

Para una sensibilidad moderna, las instrucciones parecen absurdas, excesivas. Dios, después de todo, se basta a sí mismo. No necesita nada. Sin embargo, parece aquí tan exigente como el invitado más quisquilloso.

Pero no es que Él necesite lo mejor, sino que nosotros necesitamos darle lo mejor, y no estamos inclinados a hacerlo. La institución del tabernáculo fue la manera de Dios de centrar la atención del pueblo con el que había establecido la alianza. Ahora había un único foco. La construcción y decoración del tabernáculo representan la forma de mantener a Israel enfocado.

Quizás podamos entender mejor estos mandamientos a la luz de la zarza ardiente. La proximidad de Moisés no era una amenaza para Dios, ni había algo intrínsecamente ofensivo en sus sandalias. Sin embargo, se le dijo que se las quitara y no se acercara más. Esta fue la manera de Dios de santificar el espacio y el tiempo. Las instrucciones eran por el bien de Moisés, no de Dios. La mera vista de la zarza ardiente era un signo implícito de la presencia y santidad de

Dios, pero el mandato hablado lo hizo explícito. La revelación, unida al mandato, captaba toda la atención de Moisés.

Establecido en el monte Sinaí, este patrón se repite a lo largo del resto del Éxodo, y, de hecho, a lo largo del resto de la Torá. El culto ritual compensa un déficit de atención que parece natural en la condición humana, herida por el pecado. Los israelitas en Egipto eran los herederos de Abraham, Isaac y Jacob; y, sin embargo, con el tiempo, se distraían y se apegaban a las costumbres egipcias. Adoptaron la moral egipcia y adoraron a los dioses egipcios. Aun así, trataban de mantener su identidad y dignidad ancestral. Estaban en un conflicto profundo.

En el desierto, cuando encontraron que las cargas de la libertad eran demasiado pesadas para soportar, volvieron a la idolatría y a los placeres pecaminosos que habían disfrutado siendo esclavos. Hicieron un becerro de oro y lo adoraron con una orgía (*Ex* 32, 1-6).

Tales eran los hábitos que Dios buscaba superar mediante las leyes rituales. Emitió mandamientos que requerían que el pueblo reservara de forma consistente sus mejores esfuerzos y bienes materiales para Dios.

El culto, para Israel, implicaba la ofrenda sacrificial de los primeros frutos, los primogénitos de los rebaños y animales sin mancha. Nuevamente, esto no era porque Dios fuera quisquilloso, sino porque Israel, al igual que el resto de la humanidad, tenía la tendencia a preferir los regalos de la creación sobre el Dador de los regalos. Fue cierto en la vida de Moisés, y es cierto hoy: cuando la gente se niega a ofrecer su oro y sus becerros, generalmente terminan adorando alguna combinación de ambos. Hoy recurrimos al sexo y al poder representados por el becerro de oro, el toro Apis adorado por los antiguos egipcios.

El culto ritual, litúrgico, como se prescribe en el Éxodo, llama la atención de la asamblea, la desvía de los regalos y la fija en el creador de esos regalos. Si el pueblo sentía un amor desordenado hacia el oro, gracias al culto veían que el objeto de su amor se subordinaba a Dios. Si amaban los lujos o las cosas finas, las carnes selectas o el buen vino, veían cómo todo eso era devuelto al Señor con agradecimiento. No podía haber confusión sobre el objeto adecuado de la adoración. La liturgia de Israel reunía todos los poderes de la naturaleza y la cultura y los ponía al servicio del Señor.

Así, las realidades naturales se convirtieron en signos: señalaban lo invisible desde lo visible, lo celestial desde lo terreno. La religión en el Éxodo se convirtió en algo profundamente distinto de la religión natural que encontramos en la historia de los patriarcas. Por los términos de la alianza, la religión mosaica estaba orientada, por medio de la naturaleza, hacia lo sobrenatural, de lo humano a lo divino.

En el Éxodo, Dios revela su santidad: su trascendencia, su otredad y su poder. Cuando se manifiesta, lo hace con truenos y relámpagos, nubes y fuego. No le cuesta ningún esfuerzo abrir el Mar Rojo. En el Éxodo también revela su nombre, *YO SOY*, lo que confirma la verdad del relato de la creación: que todos los seres dependen de él[5].

Manifestó su poder no para intimidar al pueblo con el que sellaría su alianza, sino para que pudieran conocerlo de verdad, conocerlo tal como realmente es.

El Éxodo revela algo paradójico. Dios no es menos *otro*, cuando se acerca a la humanidad. Él es la zarza misteriosa, que arde pero no se consume. Requiere actos externos de reverencia por parte de quienes que se acercan. A pesar de eso, nosotros, en la persona de Moisés, nos sentimos atraídos. Dios es el *mysterium tremendum*

---

[5] Para un análisis de Éxodo 3, 1-15, ver Emmanuel DURAND, O.P., "God's Holiness: A Reappraisal of Transcendence", *Modern Theology* 34, nr. 3, Julio 2018, pp. 428-431.

et fascinans. Tenemos miedo. Nos llenamos de asombro, pero también de fascinación.

Ante la zarza ardiente, Moisés «se tapó la cara, porque temía ver a Dios» (*Ex* 3, 6). Pero treinta capítulos después descubrimos que, con el tiempo, «el Señor hablaba con Moisés cara a cara, como habla un hombre con un amigo» (33, 11).

Al renovar la alianza con Dios, Israel acepta que Él esté en medio de ellos. Aceptan la demanda de construir un santuario terrenal digno de su divino morador.

En *Génesis*, Dios se reveló a través de sus obras: la creación del cosmos, el llamado de Abraham, la elección de Jacob. Allí Dios guía, instruye y lidera a los patriarcas. Sin embargo, en el Éxodo, ha revelado su nombre a Israel y ha mostrado su rostro a Moisés. Se establece entre su pueblo, (todavía) no como uno de ellos, pero con ellos, en el lugar santo.

La santidad marca la diferencia. La santidad es ahora una realidad terrenal, visible como el fuego y audible como el trueno, pero también visible por asociación en ollas y sartenes, animales sacrificados y la tela de la tienda.

Israel adquirió la santidad de la misma manera, no por ninguna virtud natural o logros particulares, sino por su alianza con Dios. El pacto en el Sinaí apartó a Israel de todas las demás naciones, y *apartar*, *consagrar*, es el sentido fundamental de *kadosh*. En el Éxodo, los hijos de los patriarcas se convirtieron en «un reino de sacerdotes y una nación santa» (*Ex* 19, 6). La historia del éxodo no se limita al libro que lleva ese nombre. La narrativa continúa en los tres libros restantes de la Torá: *Levítico*, *Números* y *Deuteronomio*, y todos están profundamente implicados en la santidad. De hecho, los capítulos 17–26 de *Levítico* están tan saturados con la palabra *kadosh* y sus derivados que los estudiosos modernos han llamado a ese fragmento el *Código de santidad*.

La historia de la santidad se extiende más allá de los cinco libros de Moisés, y también nosotros debemos avanzar en nuestro estudio.

4. SANTIDAD EN EL REINO

Las interpretaciones históricas a menudo reducen el significado del Éxodo a algún tema de proporciones meramente humanas. Se considera el típico ejemplo que se da cuando, en el curso de los acontecimientos humanos, un pueblo ve necesario disolver los lazos políticos que lo han conectado con otro. En tales interpretaciones, el libro del Éxodo es una declaración de independencia, el anuncio de una liberación.

En realidad, la trama del libro no es tan simple. En la primera súplica de Moisés al faraón, ni él ni Dios buscaban la liberación: «Así dice el Señor, el Dios de Israel: "Deja salir a mi pueblo, para que celebre una fiesta en mi honor en el desierto"» (*Ex* 5, 1-2). Todo lo que Moisés pide, y lo que Dios quiere, es la libertad de celebrar la liturgia. El faraón se niega, y su negativa provoca la intervención sorprendente y estremecedora de Dios: las plagas, la Pascua, la división del Mar

Rojo y la revelación de la ley en medio de señales cósmicas, como truenos y fuego.

Con el Éxodo, Dios establece un pueblo elegido, un pueblo apartado para el servicio divino: un pueblo santo. El Señor morará con ellos y su presencia será fuente y prueba de santidad. Para los antiguos rabinos, esto era la culminación de la creación.

Para los hebreos Dios era trascendente, el Ser mismo: reveló su nombre como *Yo Soy*. En su trascendencia, era omnipresente, y sin embargo, había designado un lugar que fuera el centro de su presencia en la tierra.

Este lugar era el Arca de la Alianza, guardada en el sanctasanctórum, dentro del santuario, en la tienda que estaba en el centro del campamento, dondequiera que hubieran acampado (*Nm* 2, 1-4).

Había por tanto círculos concéntricos de presencia divina y santidad, que se extendían hacia afuera y disminuían gradualmente. Todo estaba perfectamente calibrado para recordarle al pueblo la reverencia y el temor apropiados en cada situación. Dios se había acercado a su pueblo. Eso era un pensamiento reconfortante, porque su poder los había liberado del dominio terrenal más poderoso. Pero también había dado a conocer su ley y su celo, y había establecido la pureza y la fidelidad como condiciones de su presencia, su protección y una parte de su santidad. A lo largo de los años del Éxodo y los siglos que siguieron, Israel demostró repetidamente que no estaba dispuesto a permanecer fiel.

El Arca de la Alianza era un santuario portátil diseñado para guardar las tablas de piedra de los Diez Mandamientos, junto con otras reliquias del Éxodo: el báculo de Aarón, que había florecido milagrosamente (*Nm* 17, 8–10), y un recipiente de oro que contenía una muestra del maná dado por Dios para alimentar a los israelitas (*Ex* 16, 34).

El Arca había sido elaborada, según las especificaciones de Dios, con madera de acacia adornada con oro. Su tapa era un trono para el Todopoderoso y estaba flanqueada por dos imágenes doradas de querubines. Este detalle es extremadamente inusual, casi único en la religión hebrea, que era anicónica en principio, es decir, muy reacia al uso de imágenes en el culto. Sin embargo, aquí el Señor Dios mismo había prescrito el uso de representaciones para colocarlas en el epicentro mismo de su presencia.

Además, la imaginería no era sutil en sus implicaciones. Los querubines evocaban claramente el aterrador cierre de la historia de la creación: la expulsión de Adán y Eva del Jardín del Edén. En ese momento, Dios «echó al hombre, y a oriente del jardín de Edén colocó a los querubines y una espada llameante que brillaba, para cerrar el camino del árbol de la vida» (*Gn* 3, 24): Dios coloca a los querubines para proteger el santuario del jardín, evitando cualquier profanación en el futuro.

El mensaje del Arca parece ser que Dios, al morar entre su pueblo, estaba restaurando el paraíso en la tierra. Lo que definía el paraíso, tanto antes como ahora, era su presencia santa. Los querubines estaban allí para hacer cumplir la pureza requerida para el culto. A lo largo de los años de peregrinación nómada de Israel, el Arca fue llevada por sacerdotes de la tribu de Leví (*Dt* 31, 9), era el instrumento de poder que hizo que el Jordán se separara para Josué como el Mar Rojo lo había hecho para Moisés (*Js* 3, 7–17). Además, iba al frente de la procesión litúrgica que derribó las murallas de Jericó (*Js* 6, 6–13).

Una vez que los israelitas entraron en la Tierra Prometida, el Arca fue instalada en Guilgal (*Js* 4, 19; 7, 6), más tarde en Silo (*Js* 18), luego en Betel (*Jue* 20, 27), y después en Silo de nuevo (*1 Sm* 3, 3).

Al acercarse a Israel de esta manera, Dios asumió ciertos riesgos, porque su pueblo santo, al igual que Adán y Eva antes que ellos, permanecía libre para tomar decisiones impías. Los había elegido, pero nunca los forzó o coaccionó.

El Arca tenía toques de grandeza. Estaba hecha de oro y de la mejor madera, lo que recordaba la santidad de Dios, su trascendencia y poder. Sin embargo, en el Arca, Dios había entrado en el tiempo de una manera radicalmente humilde. Se había vuelto vulnerable. Cuando Israel iba a la batalla, los levitas llevaban el Arca en medio de las primeras filas de soldados. En la batalla de Afec, los filisteos derrotaron a Israel y capturaron el Arca, llevándola a sus tierras como trofeo de su victoria. Al hacer esto, sin embargo, provocaron su propia ruina: pasaron siete meses de terremotos y plagas antes de que los filisteos finalmente devolvieran el Arca, atemorizados (*1 Sm* 5).

Durante todo este tiempo, Israel fue gobernado por jueces, líderes militares con poder carismático. «En aquellos días no había rey en Israel, y cada uno hacía lo que le parecía correcto» (*Jue* 17, 6; 21, 25). Este gobierno descentralizado era inusual: todos los pueblos vecinos de la época tenían reyes, pero Israel, durante siglos, tuvo a Dios como gobernante.

Pero no siempre funcionó que «cada cual [hiciera] lo que le parecía correcto». El período de los jueces duró más de tres siglos y estuvo lleno de idolatría, negligencia de la ley y licencia sexual. Los mismos jueces eran injustos a veces. De hecho, muchos estudiosos, en todas las épocas, incluida la nuestra, han juzgado que el tiempo de los jueces fue el peor en la historia de la salvación.

Finalmente, cansados de las injusticias perpetradas por jueces malvados, Israel buscó una solución: pidieron al profeta Samuel que designara «un rey, para que nos gobierne, como se hace en todas las naciones» (*1 Sm* 8, 5)

El deseo de tener un rey no era malo en sí mismo. Dios había prometido a Abraham y Sara que tendrían descendientes reales: «Sacaré pueblos de ti, y reyes nacerán de ti» (*Gn* 17, 6; 17, 15-16). Dos generaciones más tarde, Dios renovó la promesa a Jacob: «Saldrán reyes de tus entrañas» (*Gn* 35, 11). Y más tarde el Señor dijo a los hijos de Jacob: «No se apartará de Judá el cetro» (*Gn* 49, 10). Por lo tanto, un israelita fiel podría haber deseado y orado por el cumplimiento de estas promesas. Después de todo, Dios mismo había hecho que los reyes fueran una parte importante del destino particular de Israel.

Pero no era esa la razón por la que Israel clamaba por un rey en la época de Samuel. Querían un rey para poder ser «como [...] todas las naciones». Al expresar este deseo, estaban rechazando su vocación especial, la de ser una nación distinta.

Si ser santo es estar reservado para el culto divino, ¿qué podría ser menos santo que el deseo de Israel de ser como todos los demás, de ser como las otras naciones, que no eran gobernadas por Dios sino por un rey?

Dios vio las implicaciones de esta solicitud y le dijo a Samuel: «No es a ti a quien rechazan, sino a mí» (*1 Sm* 8, 7). También vio las consecuencias graves para el futuro y le pidió a Samuel que las dejara claras. El rey instituiría el reclutamiento y usaría a los soldados de Israel para su propia gloria, confiscaría tierras para abastecer la mesa real. Los proveedores más hábiles de cada oficio serían enlistados para el servicio del rey. La gente estaría esclavizada por el rey, y tendrían que pagar impuestos (*1 Sm* 8, 11-18).

La decisión del pueblo era la definición misma de falta de santidad, y prometía retroceder a una condición que se parecía a su servidumbre en Egipto. Sin embargo, Dios les otorgó lo que querían. Al mismo tiempo, se aseguró de que su propio plan se llevara a cabo de todos modos, de compartir su santidad con su pueblo, no simplemente a pesar de la elección *no santa* de Israel, sino a través de ella.

El rey Saúl no resolvió los problemas de Israel, los empeoró. En los siete capítulos que preceden a su unción, el Arca de Dios se menciona con frecuencia: treinta y ocho veces. El Arca es un punto de encuentro para Israel. Va en medio de ellos en la batalla. Hay una preocupación reverente por cuidarla. Su captura hace que el sacerdote Elí muera de tristeza y que su nuera se ponga de parto de forma prematura. Tal era el respeto por la santidad del Arca en el tiempo inmediatamente antes del reinado de Saúl (*1 Sm* 4, 13-22).

Entonces sucede algo extraño. El Arca desaparece casi por completo durante el resto del reinado de Saúl. A lo largo del relato de los cuarenta y siete años de ese reinado, el Arca se menciona solo una vez, cuando Saúl ordena que la lleven a su presencia: «Saúl mandó a Ajías: "Acerca el Arca de Dios". El Arca de Dios se encontraba entonces con los hijos de Israel» (*1 Sm* 14, 18).

Seguía con el pueblo, pero tal vez no se notaba tanto como antes. En cualquier caso, no se mencionaba. Dios estaba presente, con toda su santidad y todo su poder, pero Saúl estaba preocupado por otras cosas.

Saúl fue primero negligente y luego despectivo con Dios. Terminó desobedeciendo el mandato del Señor y provocando su propia caída.

Samuel dijo a Saúl:

Has sido un insensato. No has guardado el mandato que el Señor, tu Dios, te había ordenado. Por ello, aunque el Señor había establecido para siempre tu realeza sobre Israel, esta ya no se mantendrá en pie. El Señor se ha buscado un hombre según su corazón y le ha nombrado jefe sobre su pueblo, porque no has cumplido lo que te ordenó el Señor (*1 Sm* 13, 13-14).

El hombre según el corazón de Dios era David, cuyo reinado, según todos los relatos que tenemos, contrastó fuertemente con el de Saúl.

Las diferencias entre David y Saúl no podían ser más evidentes. Después de asumir el poder, David consultó con sus comandantes y anunció a la asamblea de Israel: «Nos traeremos el Arca de nuestro Dios, ya que desde el tiempo de Saúl no nos hemos preocupado de ella» (*1 Cron* 13, 3). En el Salmo 132, David juró encontrar una casa para el Arca.

Saúl había reinado desde su ciudad natal, Gibea. David, a quien Dios designó como sucesor de Saúl, al principio gobernó desde Hebrón, pero su intención era conquistar Jerusalén y establecerla como su capital. Lo logró; y coreografió el traspaso de poder para hacerlo memorable para todos los que fueran testigos.

La procesión, como todas las demostraciones públicas, estaba diseñada para comunicar algo. Un mensaje claro era el poder militar de un Israel unificado y de su rey. Treinta mil soldados (hombres escogidos) hicieron la marcha (*2 Sm* 6, 1), lo que sería sin duda un espectáculo. También había música festiva (6, 5).

Tal demostración era impresionante, pero para David eso era secundario. El poder terrenal recién conquistado estaba subordinado al poder divino que residía en el tabernáculo. Los soldados estaban allí para acompañar y honrar el Arca de la Alianza mientras era transportada a su hogar permanente en el Monte Sion en Jerusalén, la nueva capital. Toda la casa de Israel bailaba al son de la música (*2 Sm* 6, 5). El tema central en la procesión no era político sino religioso: era la santidad.

El foco no era el rey de Israel ni su ejército, sino el Arca de la Alianza. Se colocó en un nuevo carro, preparado para la ocasión (*2 Sm* 6, 3), y allí había sacerdotes que la cuidaban. Aunque el Arca estaba expuesta al público, no perdió nada de su santidad y poder. El relato deja esto claro cuando los bueyes que tiraban del carro tropiezan en el camino, y un laico llamado Uzá extiende la mano para estabilizar el Arca. Tan pronto como la toca, sin embargo,

74

muere, castigado por haberse atrevido a tocar el Arca con manos que no habían sido consagradas para ese propósito (6, 6-7).

Al ver esto, David se llena de temor y temblor. Como Moisés y los patriarcas antes que él, entiende inmediatamente la santidad de Dios y su propia indignidad: «David temió aquel día al Señor y dijo: "¿Cómo va a venir a mí el Arca del Señor?"» (*2 Sm* 6, 9). El episodio lo afectó tanto que detuvo la marcha durante tres meses. Y al reanudarla, ofrecía sacrificios, «un toro y un animal cebado», cada seis pasos (6, 13).

La imagen más constante de la procesión, sin embargo, es la piedad personal del rey David: «David iba danzando ante el Señor con todas sus fuerzas» (*2 Sm* 6, 14).

Nunca es más evidente el contraste entre David y Saúl. Para Saúl, el Arca era un pensamiento tardío, mencionado solo una vez: como un arma que podía invocar, un objeto que deseaba controlar. David, en cambio, se maravillaba de que el Arca estuviera en su vida.

Aún más sorprendente es la reacción de Mical, hija de Saúl y mujer de David, que «vio al rey David saltando y danzando ante el Señor, y lo menospreció en su corazón» (*2 Sm* 6, 16). Pensó que el comportamiento de su marido era impropio, indigno de la dignidad de un monarca guerrero. Le dijo a David: «Cómo se ha cubierto hoy de gloria el rey de Israel, descubriéndose a los ojos de sus servidoras y servidores, como se descubre un cualquiera» (6, 20).

David no se dejó intimidar. Explicó a su esposa que la honra es debida al Señor que lo hizo rey. No se arrepentía de su comportamiento. Respondió a Mical: «Danzaré sin descanso ante el Señor, [...]. Y me rebajaré todavía más» (*2 Sm* 6, 21–22). De nuevo, David difiere claramente de la familia de Saúl y sus nociones de realeza y culto resultan ser más fructíferas que las de Mical (ver 6, 23).

Con David, el Arca entró en Jerusalén, donde permanecería en la tienda de siempre. Más tarde David se construyó un gran palacio y reconoció inmediatamente la incongruencia de la situación: «Mira, yo habito en una casa de cedro, mientras el Arca de Dios habita en una tienda» (*2 Sm* 7, 2). Decidió así construir un templo que fuera una casa adecuada para el Señor.

Sin embargo, a través del profeta Natán, el Señor respondió que su casa sería construida no por David sino por su hijo, Salomón.

¿Por qué eligió David Jerusalén como el lugar para dejar el Arca? Las Escrituras no nos lo dicen, pero nos dan pistas. A través del profeta Ezequiel, el Señor revela que Jerusalén es el «centro de las naciones» (*Ez* 5, 5) y el «centro de la tierra» (38, 12). La palabra usada para *centro* puede ser traducida más literalmente como *ombligo*.

En *Génesis* 14, 18, Salem (la forma primitiva de Jeru-salén) aparece como la tierra gobernada por Melquisedec, el primer hombre mencionado como sacerdote en las Sagradas Escrituras. Es el lugar de su famosa ofrenda de pan y vino, compartida con el patriarca Abraham. El salmo 76 nos informa que Salem, de hecho, se identificaba con el monte Sion, el lugar del Templo: «Su tabernáculo está en Salén, su morada en Sion». *Génesis* también se refiere a la tierra como Moria, el lugar donde Abraham fue a sacrificar a Isaac (*Gn* 22, 2). Y las historias posteriores de Israel nos dicen que Moria era otro nombre para el monte del Templo (2 *Cr* 3, 1). Moisés también indicó que el objetivo de Israel, desde el comienzo del éxodo, no era simplemente la adquisición de la Tierra Prometida, sino la construcción del Templo en el sitio de Salem, Moria, Sion. En el clímax de su canto de triunfo, cantó: «Lo introduces y lo plantas en el monte de tu heredad, lugar del que hiciste tu trono, Señor; santuario, Señor, que fundaron tus manos» (*Ex* 15, 17)[1].

---

[1] Scott W. HAHN, *Un padre fiel a sus promesas*.

Con el tiempo, Salomón construyó el Templo, más grandioso que cualquier otro en la tierra, apropiado para su propósito. Lo decoró con imágenes cósmicas evocadoras del Jardín del Edén. Según el historiador judío Josefo, el velo del Templo estaba bordado con un mapa de las estrellas; las vestiduras sacerdotales adornadas con esculturas de frutas; los candelabros posicionados imitando los planetas y otros cuerpos celestiales. El Templo estaba diseñado para ser una imitación y representación del universo[2]. Además, al igual que en la entrada al Edén, había dos imponentes querubines en guardia, de casi 7 metros de altura.

El Templo fue diseñado para inspirar reverencia en los adoradores, para comunicar que el Dios de Israel no era simplemente alguna deidad local, sino más bien el único Dios que creó el universo, lo posee y lo mantiene en existencia. Por lo tanto, también había un patio para los gentiles, para que pudieran rezar allí. Dios no era una parte del cosmos, pero había designado *este lugar específico* como el sitio de su presencia en la tierra. El Templo era un lugar separado del resto, donde uno podía

---

[2] Cfr. Flavio JOSEFO, *Antigüedades judías*, vol. 3, Clie, Madrid 2009, nr. 179.

acercarse a Dios siguiendo unas reglas estable-
cidas por Él.

La arquitectura y la decoración comunicaban
este mensaje en todos sus detalles. Dentro del
santuario, sin embargo, la santidad de Dios era
para los sacerdotes un hecho evidente. Allí veían
la nube de la gloria de Dios que llenaba el sanctasanctórum (*1 Re* 8, 10-12). Tanto el rey como
el clero se llenaban de asombro ante la santidad
manifiesta de Dios.

Fue el Templo lo que hizo que el monte Sion
fuera sagrado. A su vez, el monte Sion santificó
la ciudad. Y la ciudad hizo que la tierra de Judá
fuera sagrada. El Templo fue construido para ser
el centro de la vida nacional de un pueblo santo,
un pueblo consagrado a Dios.

El Templo de Jerusalén era único en toda
la tierra, solo allí se podían ofrecer sacrificios
al único Dios verdadero. Por lo tanto, contras-
taba fuertemente con cualquier otro lugar en
el planeta, e incluso en el cosmos. En relación
con cada lugar y cada cosa, el Templo era *otro*.
Estaba apartado como reserva para la santidad
de Dios.

Al mismo tiempo, era un signo de la presencia real de Dios, de su compromiso, mediante
su alianza con Israel, de estar presente entre su
pueblo y, por lo tanto, presente en el mundo.

Así como el éxodo había completado la obra de la creación, también el reino, al establecer el Templo, llevó a cabo la obra del éxodo. Esta nueva etapa había sido anunciada por Dios en el monte Sinaí. Israel primero pasaría por un período itinerante, pero una vez que ocuparan la tierra santa, debían establecer un templo santo en una ciudad santa:

> Buscaréis el lugar que el Señor vuestro Dios eligiere de entre todas vuestras tribus para poner allí su nombre y morar en él, e iréis allí y allí llevaréis vuestros holocaustos y vuestros sacrificios de comunión, vuestros diezmos y vuestras contribuciones, vuestros votos y vuestras ofrendas voluntarias, y los primogénitos de vuestro ganado mayor y menor. Allí comeréis, vosotros y vuestras familias, en presencia del Señor, vuestro Dios, y os regocijaréis por todas las empresas que el Señor, tu Dios, haya bendecido (*Deut* 12, 5-7).

Esto tendría que haber sucedido poco después de que el pueblo elegido entrara en la Tierra Prometida. Pero no fue así. El rabino Berman señala que, de hecho, a Israel le llevó casi medio milenio cumplir con el mandato de Dios. Y eran conscientes de su tardanza. La construcción del Templo, dice él, es el «único evento en todo el registro profético explícitamente fechado»[3]. Tuvo lugar «el año cuatrocientos ochenta de la salida de los hijos de Israel de la tierra de Egipto, el cuarto año del reinado de Salomón en Israel, en el segundo mes, en el de ziv». En ese momento, «Salomón construyó el templo del Señor» (*1 Re* 6, 1).

A pesar de todo, Dios reconoció su esfuerzo y vivió entre ellos. Llegaría el día, sin embargo, en que se lamentarían porque «por poco tiempo tu pueblo santo había poseído su heredad, cuando nuestros enemigos pisotearon tu santuario» (*Is* 63, 18).

---

[3] Joshua BERMAN, *The Temple*, p. 58.

5. NO SIEMPRE SANTOS

Con la construcción del templo, la relación de Dios con su pueblo llega a una nueva etapa: su presencia pasa a ser central en todos los aspectos —cultural y geográficamente— e irradia santidad por toda la tierra. La monarquía había hecho posible esto al unificar las tribus y reorganizar sus territorios. El nuevo prestigio de Israel, además, atrajo la atención de otros pueblos hacia el Templo y el Dios de Israel.

En Jerusalén, el pueblo se reunía tres veces al año para la renovación de su alianza durante las principales fiestas de peregrinación: la Pascua, Pentecostés y los Tabernáculos. Era la alianza la que los hacía un pueblo santo. Así que experimentaban cómo la liturgia los santificaba.

El rey tenía un papel central como mediador de la alianza, igual que Moisés en el Éxodo. David fue un hombre conforme al corazón de Dios. El nombre de Salomón se convirtió para siempre en sinónimo de sabiduría. En los libros históricos del Antiguo Testamento, ambos hombres aparecen como figuras heroicas. En uno de los Salmos de coronación, al rey se le da el título sin precedentes de hijo de Dios. Dios le dice: «Tú eres mi hijo: yo te he engendrado hoy. Pídemelo: te daré en herencia las naciones; en posesión, los confines de la tierra» (*Salm* 2, 7-8). Y aunque el rey viene de la tribu de Judá —no de la tribu sacerdotal, la de Leví—, Dios le dice: «Tú eres sacerdote eterno, según el rito de Melquisedec» (*Salm* 110, 4).

La monarquía de Israel fue un cargo extraordinario. Al igual que el Templo, fue único en la tierra. Al rey davídico se le podía llamar de muchas maneras. Podía ser llamado *Cristo*, es decir, *el Ungido*, o incluso *Hijo de Dios*.

El nombre que no se le podía dar era *santo*.

Al discutir el libro del Éxodo, hemos visto que muchas cosas pueden ser llamadas santas. Principalmente, la palabra se aplica a Dios en su más profundo misterio, pero también describe una amplia gama de objetos que sirven a Dios o denotan su presencia: el altar, los vasos litúrgicos, el Arca, la tienda. El sábado es santo, al igual que cualquier cosa ofrecida a Dios: frutas, granos, animales e incluso dinero. En la época del reino, el Templo es llamado santo, al igual que la ciudad que lo rodea. El pueblo, en su conjunto, es santo. La nación es santa.

Pero los individuos no son descritos de esta manera, ni en el Éxodo, ni en las historias de los reyes, ni en todo el Antiguo Testamento. Los grandes héroes y mediadores de la alianza —Noé, Abraham, Moisés, David— son elogiados por su justicia, fidelidad y piedad, pero no por su santidad. Se les describe y representa como valientes y sabios. Sin embargo, nunca se les llama *kadosh*.

Para quienes entienden hebreo, esto es tan sorprendente como la ausencia de la palabra *santidad* en el *Génesis*. ¿Por qué debería conferirse la palabra *santo* a un pedazo de tierra pero no a una persona individual? ¿Por qué debería llamarse a todo el pueblo con una palabra que quizás nunca describa a ninguno de ellos individualmente?

Y, sin embargo, así es. El rabino Joshua Berman señala que el *Libro de los salmos* «puede ser visto como un registro de la relación del hombre justo con Dios. Sus protagonistas son llamados por muchos nombres. Son justos, piadosos, rectos en el camino de Dios, amantes de la Torá. Pero ninguno es llamado *kadosh*»[1]. Parecería,

---

[1] En algunas tradiciones de los salmos esto no queda claro, ya que se utiliza la palabra *santo* para traducir *hesiday*, que

concluye él, que «el término *kadosh* no puede ser utilizado para describir el carácter de un individuo, sin importar lo santo que sea»[2].

En el uso moderno, la palabra *santo* se usa como sinónimo de *religioso* o *moralmente recto*. Sin embargo, en el antiguo Israel, no era así. La santidad era algo que pertenecía propiamente a Dios, y solo a Dios. Otros elementos de la creación podían recibir el término debido a su asociación con Dios. Israel era una nación santa porque el pueblo, colectivamente, estaba en alianza con Dios. Pero, nuevamente, en palabras del rabino Berman: la Biblia hebrea «no caracteriza a un individuo justo como *kadosh*»[3].

La santidad era la vocación colectiva de Israel, y este llamado común servía para unir al

---

quiere decir *fieles*. En otros casos (*Salm* 16, 3; 34, 10; 89, 6 y 8) sí traduce el plural de *kadosh*, pero se refiere siempre a la asamblea en conjunto, no a personas individuales.

[2] Joshua BERMAN, *The Temple*, pp. 3-4. Berman señala una excepción: en *2 Reyes* 4, 9, una mujer rica de Sunén describe al profeta Eliseo como «un hombre santo de Dios». Sin embargo, es la excepción que confirma la regla. Dice Berman que el hecho de que este término no lo use Dios, ni un profeta, ni siquiera el narrador bíblico, sino un personaje tan secundario, muestra que es un uso muy excepcional.

[3] Sobre el término *santos* en los libros deuterocanónicos, ver el apéndice.

pueblo entre sí, como la alianza los unía a todos con Dios.

La santidad del pueblo no era como la santidad de un recipiente o un altar. Los objetos inanimados no pueden rechazar ni ignorar las exigencias de su llamada divina. A Israel, Dios le comunicó una perspectiva diferente. En casi todas las ocasiones en que les habla de su vocación a la santidad, también les recuerda su necesidad de obedecer los mandamientos:

> El Señor habló así a Moisés: «Di a la comunidad de los hijos de Israel: "Sed santos, porque yo, el Señor, vuestro Dios, soy santo. Respete cada uno a su madre y a su padre. Guardad mis sábados. Yo soy el Señor, vuestro Dios [...] No robaréis ni defraudaréis ni os engañaréis unos a otros. No juraréis en falso por mi nombre, profanando el nombre de tu Dios. Yo soy el Señor"» (*Lev* 19, 1-3, 11-12).

El pueblo de Israel debía alcanzar una bondad moral acorde con su misión. La carga recaía, en primer lugar, sobre los hombros de los sacerdotes, pero también sobre los reyes. David y Salomón, parece ser, reinaron como reyes sacerdotes. Estos eran cargos sagrados. Su santidad no provenía del carácter del cargo, sino de los servicios divinos que realizaban. Sin embargo, se esperaba que mantuvieran un alto estándar de comportamiento moral. Consideremos lo que dice el mismo David:

> Señor, ¿quién puede hospedarse en tu tienda y habitar en tu monte santo? El que procede honradamente y practica la justicia, el que tiene intenciones leales y no calumnia con su lengua, el que no hace mal a su prójimo ni difama al vecino. El que considera despreciable al impío y honra a los que temen al Señor, el que no retracta lo que juró aun en daño propio, el que no presta dinero a usura ni acepta soborno contra el inocente. El que así obra nunca fallará (*Salm* 15, 1-5).

Es una gran responsabilidad, y resultó ser demasiado grande para David y Salomón. Ambos hombres se hicieron tan famosos por sus pecados como por sus cualidades. David cometió adulterio con Betsabé y luego asesinó a su esposo para encubrir el crimen (*2 Sm* 11, 4-7). Más tarde en su vida, eligió no castigar la violación de su hijo Amnón a su hermana, lo que llevó a otro hijo, Absalón, a rebelarse contra David para vengar la violación. Más tarde, David ignoró las advertencias de sus consejeros y ordenó un censo nacional para su propia vanidad (*2 Sm* 24, 2-15; *1 Cr* 21, 1-4).

Salomón siguió el ejemplo de su padre. Aunque era sabio, también era avaricioso. Vivía en una opulencia que claramente violaba la ley de Dios (ver *Deut* 17, 14-20) y llevaba a la decadencia moral. Poseía cuarenta mil establos de caballos. Acumuló setecientas esposas y trescientas concubinas (*1 Re* 11, 3). Muchas de sus esposas eran extranjeras que adoraban ídolos, y alejaron el corazón de Salomón del Dios de Israel. Las incursiones de Salomón en la adoración de ídolos fueron tan ambiciosas como los demás aspectos de su vida. Las mismas habilidades que una vez había empleado para levantar el Templo en honor al Señor Dios, las usó para construir santuarios a dioses falsos.

Cuando llegó a viejo, sus mujeres desviaron el corazón de Salomón tras otros dioses y su corazón no fue por entero del Señor, su Dios, como lo había sido el corazón de David, su padre. Salomón iba en pos de Astarté, diosa de los sidonios, y de Milcón, abominación de los amonitas. Salomón hizo así lo malo a los ojos del Señor, no manteniéndose del todo al lado del Señor como David, su padre. Edificó Salomón por entonces un altar a Camós, abominación de Moab, sobre el monte que está frente a Jerusalén, y otro a Milcón, abominación de los amonitas. Lo mismo hizo con todas sus mujeres extranjeras que quemaban incienso y sacrificaban a sus dioses (*1 Re* 4-8).

David y Salomón, al ser reyes, eran los mediadores y representantes de su pueblo, por lo que sus pecados tuvieron consecuencias desastrosas para toda la nación. Llegó la guerra, primero con sus vecinos y después dentro de sus fronteras. Durante el reinado del hijo de Salomón, Roboam, el reino se dividió en dos: el reino del norte, Israel y el reino del sur, Judá (que incluía Jerusalén).

Si los reyes hubieran seguido la ley, habrían mantenido su reino unido en la santidad de Dios. Sin embargo, con el reino dividido, las tribus del norte ahora estaban separadas del culto en el Templo de Jerusalén. Cayeron en formas de religión degradadas, y su moral empeoró. Incluso en Jerusalén, los sacerdotes se corrompieron y menospreciaron la santidad de su cargo.

En los siglos siguientes, los profetas arremetieron contra estas circunstancias. En los oráculos del profeta Isaías, Dios denuncia la institución religiosa: «También estos se tambalean por el vino, se tambalean por el licor. Sacerdotes y profetas vacilan por el licor, desatinan por el vino, se tambalean por el licor, vacilan al mirar, titubean cuando pronuncian sentencia» (*Is* 28, 7).

Todos los caballos y hombres del rey no bastaron para volver a unir a Israel, ya que tanto los monarcas como el clero habían caído en la depravación y ya no eran dignos de sus cargos sagrados.

Así fue como el reino fracasó y el pueblo no cumplió con la exhortación de Dios de ser una nación santa. Habían sido puestos aparte por Dios para servirle. Habían sido llamados a ser como Dios, diferentes, *otros*, santos. Sin embargo, una y otra vez eligieron ser como las naciones que los rodeaban. Eligieron adorar ídolos y desobedecer la ley moral. Sus líderes fueron quienes produjeron mayor escándalo con este mal comportamiento.

Al fallar así, el reino se vino abajo. Dividido en dos, Israel era débil y estaba indefenso contra sus poderosos vecinos. Los asirios invadieron el norte en el siglo VIII a. C. En el siglo VI, los babilonios tomaron el sur, incluida la montaña santa de Jerusalén, Sion. Los extranjeros saquearon el Templo y se llevaron sus vasos sagrados. El Arca de la Alianza desapareció de la historia. Aunque el Templo fue parcialmente restaurado (y más tarde reconstruido), el sanctasanctórum permaneció vacío, significando una ausencia real, un abandono de la vocación por parte de los reyes, el sacerdocio y el pueblo.

¿Qué debía hacer Israel con las extravagantes promesas que Dios había hecho a David?

Le mantendré eternamente mi favor,
y mi alianza con él será estable.
[...] no les retiraré mi favor,
no violaré mi alianza
ni cambiaré mis promesas.
Una vez juré por mi santidad
no faltar a mi palabra con David:
Su linaje será perpetuo,
y su trono como el sol en mi presencia,
se mantendrá siempre como la luna:
testigo fiel en el cielo (*Salm* 89, 29; 34-38).

Los reinados combinados de David y Salomón duraron ochenta años. Fue un momento glorioso y sería recordado como una era dorada. La descendencia de David continuó gobernando en el sur durante casi quinientos años, lo cual es mucho tiempo, pero está lejos del «linaje perpetuo» que Dios había prometido. El sol seguía saliendo y poniéndose sobre una Jerusalén ocupada por personas que no eran santas en el sentido en que Israel era santa. Los babilonios no habían sido apartados para el servicio del único Dios verdadero. Sin embargo, allí estaban, gobernando en la ciudad santa, en el puesto del rey David.

Con el tiempo, los habitantes de Judá se encontrarán exiliados en lugares profanos y sujetos a las leyes de reyes impíos. Las obedecerán voluntariamente, incluso muchos años después, estando ya libres para regresar a su tierra natal. El enigmático *libro de Ester* (el texto hebreo) retrata las condiciones sufridas por los judíos en Persia, pero nunca menciona a Dios, ni siquiera de pasada. El rabino Berman observa que el libro muestra la preocupación del pueblo elegido por el servicio a reyes terrenales, reyes imperfectos, incluso descuidando por completo al Dios que los creó y los llamó a compartir su santidad. «Cuando el nombre de Dios se omite por completo, no es simplemente porque su mano esté oculta en el drama que se desarrolla. Es porque Dios mismo ha sido ocultado por aquellos que solían servirle»[4].

Los exiliados apartaron su atención del cielo y la dirigieron hacia un trono terrenal. El monarca pagano al que servían en Persia, Asuero, vivía en un palacio cuyo diseño recordaba el Templo de Jerusalén, y, como Belsasar en el *libro de Daniel* (5, 2-3), incluso servía a sus invitados a los banquetes con vasos sacados del Templo.

Por lo tanto, el pueblo de Dios vivía exiliado no solo debido a su destierro a otro país. Eran deportados principalmente debido a su inconsistencia de corazón. Mal guiados por sus reyes y

---

[4] Joshua BERMAN, *The Temple,* p. 169.

sacerdotes, quedaron expuestos a la conquista, y las conquistas fueron devastadoras, tanto a nivel espiritual como material.

Tal negligencia era impropia de hombres y mujeres de una nación santa. Pero los pecadores parecían ignorar las implicaciones de sus acciones. El centro de sus vidas, colectiva e individualmente, no eran el monte Sion y la presencia del Dios vivo, sino más bien el poder secular, fuera el que fuera: primero Asiria, luego Babilonia, después Persia.

En cierto sentido, esto no debería sorprendernos, dadas las advertencias severas de Dios al comienzo de la monarquía en Israel. En otro sentido, sin embargo, es impactante, si tenemos en cuenta las promesas de Dios sobre la dinastía eterna de la casa de David.

Como vimos en capítulos anteriores, en *Génesis* Dios crea el mundo parcialmente y lo completa en el Éxodo. El éxodo de Israel termina de forma incompleta, cumpliéndose con la llegada del reino. Ni siquiera el insistente fracaso humano podía frustrar el plan de Dios de compartir su santidad con el mundo. Él había hecho promesas, y permanecería fiel a ellas.

Parece, por tanto, que el reino en sí mismo estaba incompleto y apuntaba más allá de sí mismo, hacia un cumplimiento mayor: un rey y mediador de la alianza, que era hijo de David pero no tenía parte en sus pecados, un rey que era infaliblemente santo en sí mismo y no solo por el cargo que ocupaba, un rey más fiel al título de *Hijo de Dios*.

6. LA SANTIDAD EN LOS PROFETAS

Por naturaleza, Dios es santo y trasciende la creación. Es completamente *otro* respecto a todas las cosas, visibles e invisibles. Nada ni nadie en el mundo puede comprender al Todopoderoso, su plan y su voluntad.

A lo largo de la narración bíblica, sin embargo, el Señor se da a conocer llamando a ciertos hombres y mujeres para que se apartaran y fueran sus mensajeros. Esas personas fueron sus profetas. La palabra hebrea para profeta, *nabi*, significa literalmente *alguien inspirado por Dios*. Los profetas recibían revelaciones especiales no tanto por su propio bien, sino por el bien del pueblo. Su tarea no era solo recibir el mensaje divino, sino transmitirlo, tanto si su público quería escucharlo como si no.

Los profetas aparecen pronto en el registro bíblico. Abraham es llamado profeta (*Gn* 20, 7). También lo son Aarón y Miriam en el tiempo del Éxodo (*Ex* 7, 1; 15, 20). Moisés aparece como profeta en una categoría aparte (*Deut* 34, 10), aunque se dijo que prefiguraba a un profeta como él, que llegaría en un momento no revelado en el futuro (*Deut* 18, 15 y 18). En la era de los jueces surgió Débora, una *profetisa* (*Jue* 4, 4).

Para revelarse a los profetas, el Señor traspasaba el muro de la otredad y se hacía presente «en una visión» o «en un sueño» (*Num* 12, 6). Moisés expresó el deseo de que «todo el pueblo del Señor recibiera el espíritu del Señor y profetizara» (*Num* 11, 29). Pero eso no se dio: los profetas fueron excepciones. Sin embargo, llegó un momento en que la profecía floreció como un movimiento, y eso coincidió aproximadamente con los años de la monarquía y el exilio de Israel.

Fue el profeta Samuel quien intercedió ante Dios por la bendición de los reyes. Él ungió a los primeros dos hombres para ocupar el trono. Los nombres que siguieron son conocidos para quien esté siquiera ligeramente familiarizado con las grandes historias de la Escritura: Natán, Elías, Eliseo, Isaías, Jeremías, Ezequiel, Daniel.

A los profetas se les conceden visiones o sueños de lo *otro*. Inspirados sobrenaturalmente, llegan a conocer la santidad de una forma que no se da en el orden natural. Así, sus oráculos son sumamente importantes para nuestro estudio.

Dios prepara al profeta para tratar con la santidad, para escuchar misterios inaccesibles para todos los demás, y para contar lo divino con palabras humanas.

Isaías recibió su vocación de una manera memorable.

El año de la muerte del rey Ozías, vi al Señor sentado sobre un trono alto y excelso: la orla de su manto llenaba el templo. Junto a él estaban los serafines, cada uno con seis alas: con dos alas se cubrían el rostro, con dos el cuerpo, con dos volaban, y se gritaban uno a otro diciendo:

«¡Santo, santo, santo es el Señor del universo, llena está la tierra de su gloria!».

Temblaban las jambas y los umbrales al clamor de su voz, y el templo estaba lleno de humo. Yo dije: «¡Ay de mí, estoy perdido! Yo, hombre de labios impuros, que habito en medio de gente de labios impuros, he visto con mis ojos al Rey, Señor del universo». Uno de los seres de fuego voló hacia mí con una ascua en la mano, que había tomado del altar con unas tenazas; la aplicó a mi boca y me dijo: «Al tocar esto tus labios, ha desaparecido tu culpa, está perdonado tu pecado». Entonces escuché la voz del Señor, que decía: «¿A quién enviaré? ¿Y quién irá por nosotros?». Contesté: «Aquí estoy, mándame» (*Is* 6, 1-8).

Lo más impactante, respecto a nuestro tema, es el triple cántico de los serafines en el Templo: ¡Santo, santo, santo! Para los católicos es familiar como parte de la misa. Es una declaración explícita de la santidad de Dios. Mientras tanto, Isaías responde como cabría esperar de un hombre que se encuentra con la santidad: se llena de temor y clama una confesión de su indignidad. Sin embargo, purificado por el carbón ardiente, está listo y emocionado ante cualquier tarea que Dios le dé.

Mucho en la escena recuerda el encuentro de Moisés con la zarza ardiente. La Escritura a menudo asocia la santidad con imágenes de fuego. Moisés estaba fascinado por el fuego que quemaba sin consumir. Isaías fue purificado por el calor del fuego del altar celestial.

La escena también evoca las manifestaciones de Dios en el monte Sinaí: «La montaña del Sinaí humeaba, porque el Señor había descendido sobre ella en medio de fuego. Su humo se elevaba como el de un horno y toda la montaña temblaba con violencia» (*Ex* 19, 18). «El aspecto de la gloria del Señor era para los hijos de Israel como fuego voraz sobre la cumbre de la montaña» (24, 17).

Los profetas, como Moisés e Isaías, experimentan la santidad de Dios como un fuego purificador. Se manifiesta como una llama ardiente, y ambos hombres sienten un temor elemental en su presencia; pero, al igual que la zarza en el monte Horeb, no son consumidos. De hecho, son capacitados para largos años de servicio. El ministerio de Isaías se extendería por más de cinco décadas.

La clave de su ministerio, sin embargo, está en este comienzo. Creo que hay, en este breve pasaje, una revelación extraordinaria de santidad. El himno tres veces santo llama la atención sobre ello y nos insta a un examen más detenido de las palabras de Isaías.

¿Cuál es, por ejemplo, el significado de la frase inicial, que sitúa de modo preciso el momento histórico? Isaías recibe la visión «en el año de la muerte del rey Ozías». Eso puede ser la simple declaración de un hecho, pero también puede ser mucho más.

Ozías gobernó sobre Judá durante más de cuarenta años en el siglo VIII a. C. Su reinado supuso un tiempo de prosperidad económica y triunfo militar (ver *2 Cro* 26, 1-23). Construyó un ejército poderoso y reconquistó tierras que sus antepasados habían perdido. Fortificó Jerusalén para que fuera inexpugnable al ataque. Los cultivos eran abundantes y el tributo fluía desde las ciudades que había sometido. La confianza nacional era alta.

Ozías mismo estaba lleno de confianza. Había sobresalido en muchas empresas terrenas y decidió apropiarse del trabajo de los sacerdotes del Templo. Aquí está el relato en el *segundo libro de las crónicas*:

Al hacerse poderoso, se llenó de soberbia hasta pervertirse. Se rebeló contra el Señor, su Dios, hasta el punto de entrar en el templo del Señor para quemar incienso sobre el altar de los perfumes. El sacerdote Azarías y otros ochenta valientes sacerdotes fueron tras él, se plantaron ante el rey Ozías y le dijeron: «Ozías, quemar incienso al Señor no te corresponde a ti, sino a los sacerdotes aaronitas consagrados para ello. ¡Sal del santuario! ¡Eres un sacrílego! ¡Tú no tienes derecho a la gloria procedente del Señor Dios!». Con el incensario en la mano, Ozías se enfureció. Mientras se encolerizaba con los sacerdotes, la lepra brotó en su frente, ante los sacerdotes —en el templo del Señor, junto al altar de los perfumes— (26, 16-19).

Ozías fue expulsado por la fuerza y de forma permanente del Templo. Además, fue inmediatamente golpeado por la lepra y expulsado de su propia casa y ciudad (*2 Cro* 26, 21; *2 Re* 15, 5).

Su hijo asumió el trono en su lugar, y él murió poco después.

El castigo de Ozías recuerda la escena en el *segundo libro de Samuel* cuando Uzá fue fulminado por tocar el Arca de la Alianza. Ambos episodios registran manifestaciones aterradoras de la santidad y el poder de Dios. Aquellos que eligen tratar la presencia de Dios de manera negligente sufren consecuencias severas.

La muerte del rey Ozías fue célebre, y sus causas fueron ciertamente relevantes para la historia que cuenta Isaías. Al relatar el evento, Isaías se retrata a sí mismo como un hombre de devoción tibia y moral floja. Era un hombre, dice, de labios impuros. Y sin embargo, se encontró de repente en el lugar que —muy recientemente— Ozías se había apropiado. Isaías sabía el castigo que merecía, y confesó su pecado. Pidió misericordia, y no fue castigado, sino sanado de una manera sobrecogedora.

Vemos que la misma santidad que había convertido en leproso al arrogante Ozías, convirtió en profeta al arrepentido Isaías.

No fue una elección arbitraria que Isaías situara su historia en el año de la muerte del rey Ozías: lo estaba enmarcando por la comparación y contraste, lo enmarca como una historia de justicia y misericordia. Enfatiza la realidad de la santidad de Dios, que será la fuente de su poder y autoridad personal a lo largo de sus muchos años de ministerio.

A través de los profetas, Dios atraviesa la fractura que lo hace otro. En visiones y sueños lo ven y lo escuchan, y son movidos a asombro, maravilla y temor. Los libros de los profetas, como podríamos esperar, están llenos de tales relatos.

Isaías escucha el grito de los serafines: «Santo, santo, santo es el Señor del universo». En el lenguaje hebreo, los adjetivos se intensifican mediante la repetición. Por tanto, «santo, santo» sería equivalente a «más santo», y «santo, santo, santo» querría decir «el más santo». Así, el profeta retrata a Dios en el punto más lejano de la creación, y sin embargo, resulta muy cercano. Es la única vez en el Antiguo Testamento que encontramos la repetición triple de una cualidad de Dios. Nunca dice «misericordia, misericordia, misericordia», por ejemplo, aunque la misericordia de Dios es muy importante; tampoco «amor, amor, amor» o «justicia, justicia, justicia».

Aun así, Isaías habla constantemente como un profeta de amor y misericordia. Dios manifiesta su santidad, explica Isaías, en pro de la misericordia: «El Señor espera el momento de apiadarse, se pone en pie para compadecerse» (*Is* 30, 18).

Al mismo tiempo, tal experiencia de la santidad de Dios también vuelve a los profetas muy sensibles a sus propios pecados y a la pecaminosidad del pueblo. Expresan indignación por el comportamiento de los sacerdotes, que llevan a cabo sus deberes cultuales de manera distraída o incluso engañosa. Se impacientan con los adoradores que hacen los sacrificios obligatorios pero desobedecen continuamente la ley moral. Los profetas imploran una justicia acorde con el estatus de *nación santa* que ostentaba el pueblo elegido. En palabras de Isaías: «Mostrará el Señor del universo grandeza en sus sentencias, y el Dios santo será santificado» (5, 16).

De hecho, el pueblo elegido fue convocado para ser «luz de las naciones» (*Is* 42, 6; 49, 6; 60, 3). A través de Isaías, Dios especificó que esta era la razón misma de la alianza: la nación santa debía guiar a todas las demás naciones hacia la justicia y la santidad, «para que mi salvación alcance hasta el confín de la tierra» (49, 6).

Sin embargo, como señalábamos en el capítulo anterior, Isaías y los otros profetas son cuidadosos a la hora de aplicar el término *santo* solo al pueblo y nunca a una persona. La santidad era algo concedido al conjunto, debido a la cercanía con Dios que la alianza les concedía. Israel era un pueblo puesto aparte para ser santo, y también justo, si se obedecía la ley. Cuando se separaban del pueblo, los israelitas se perdían, eran exiliados, quedaban fuera de la alianza, y por tanto caían en la profanación y la impiedad.

Con el Profeta Daniel, sin embargo, sucede algo extraño. Sin hacerlo explícito, comienza a hablar de la santidad de forma distinta, como un rasgo del carácter personal de ciertos individuos y no simplemente como el estatus colectivo de la nación.

El *libro de Daniel* cuenta la historia de un joven de Judá exiliado a Babilonia en el siglo VI a. C. En una tierra pagana, se esfuerza heroicamente por mantener las leyes de sus antepasados. Sirve al rey Nabucodonosor en la corte, pero se niega a obedecer cuando se le ordena postrarse ante ídolos. Incluso se niega a comer la comida de la mesa del rey, porque podría haber sido ofrecida en sacrificio a los dioses de Babilonia.

Para fortalecer a Daniel y guiarlo, Dios le concede una serie de visiones. Daniel puede ver el futuro desde la perspectiva de Dios, y lo describe a través de varias épocas, cada una dominada por un imperio distintivo de los gentiles. Al final de la cuarta época, la historia alcanzaría un clímax y la santidad de Dios triunfaría a través del liderazgo de «una especie de hijo de hombre»

(*Dn* 7, 13), que gobernaría no solo a Israel sino «todos los pueblos, naciones y lenguas» (7:14). Su reinado, además, sería «un poder eterno, no cesará. Su reino no acabará» (7, 14).

Tales pasajes se hacen eco de las promesas hechas, mucho antes, a los reyes David y Salomón. Pero la línea real había terminado de manera dramática con la conquista de Judá por parte de Babilonia. Los babilonios llevaron cautivo al rey Sedequías con toda su casa. En el camino al exilio, Sedequías fue obligado ver cómo asesinaban a sus hijos. Después, sus captores le sacaron los ojos para que lo último que viera fuera el fin de su dinastía, la del rey David (*2 Re* 25, 1-7).

Pero Daniel vislumbró un día en un futuro lejano, 490 años después, [simbólicamente, «setenta semanas» (*Dn* 9, 24)], cuando la ciudad santa y el reino serían restaurados. Jerusalén sería gobernada por un ungido, un *cristo*, que reinaría para siempre.

Pero en su discusión sobre ese tiempo futuro, el lenguaje de Daniel da un giro curioso. Habla de los súbditos del reino no como un *pueblo santo*, sino como *santos*. Predice que «los santos del Altísimo recibirán el reino y lo poseerán para siempre por los siglos de los siglos» (7, 18). *Los santos* son individuos que poseen santidad no solo en común, sino cada uno en sí mismo. La

diferencia puede parecer simplemente semánti-
ca, pero en realidad es sísmica. Daniel emplea el
término una y otra vez. Dice, por ejemplo, que
la cuarta bestia «luchó contra los santos y los
derrotó. Hasta que llegó el anciano para hacer
justicia a los santos del Altísimo; se cumplió el
tiempo y los santos tomaron posesión del reino»
(7, 21-22). Y termina: «El reinado, el dominio y
la grandeza de todos los reinos bajo el cielo serán
entregados al pueblo de los santos del Altísimo.
Su reino será un reino eterno, al que temerán y
se someterán todos los soberanos» (7, 27).

El reino sería restaurado y duraría para siempre.
Su grandeza no pertenecería solo al rey, sino también a aquellos que poseían santidad, los santos.

En el exilio, Israel fue reducido a su condición
más baja en siglos —volviendo casi a la esclavitud— y, como ya había pasado antes, ellos mismos fueron el motivo. Sin embargo, Dios sería
fiel. Incluso al dejarlos actuar a su manera, Dios
se sale con la suya. Su restauración los elevaría a
un nivel más alto. Habían comenzado siendo un
clan; en la esclavitud, se convirtieron en una nación. Habían sido una nación; viviendo de forma
indigna, se convirtieron en un reino. Eran un reino; un día en el futuro, vivirían como santos. Los
santos poseerían una cualidad que pertenecía,
por naturaleza y por derecho, solo a Dios.

7. LA SANTIDAD EN PERSONA

El Antiguo Testamento relata el encuentro del hombre con la santidad de Dios, con su trascendencia y su alteridad. Cuando Dios se acerca, los profetas se echan por tierra y cubren su cara. Muchas de las personas que Dios elige para hacerlas santas huyen en vez de enfrentar las exigencias que conlleva.

El *Catecismo de la Iglesia Católica* expone:

> A pesar de la Ley santa que le da y le vuelve a dar el Dios Santo (cfr. *Lv* 19, 2: «Sed santos, porque yo, el Señor, vuestro Dios soy santo»), y aunque el Señor «tuvo respeto a su Nombre» y usó de paciencia, el pueblo se separó del Santo de Israel y «profanó su Nombre entre las naciones» (cfr. *Ez* 20, 36). Por eso, los justos de la Antigua Alianza, los pobres que regresaron del exilio y los profetas se sintieron inflamados por la pasión por su Nombre (§2811).

El profeta Daniel predijo un tiempo en el que los seres humanos compartirían la santidad de Dios, e incluso se atrevió a ponerle fecha. La visión de Daniel anticipaba la llegada del Mesías de Israel, «una especie de hijo de hombre» (*Dn* 7, 13), que haría expiación por los pecados del pueblo y les traería justicia eterna. Pero también hay algo inquietante en esta profecía: con el tiempo, el redentor sería asesinado y su muerte traería la destrucción de Jerusalén y el fin decisivo del culto en el Templo (9, 26–27).

Las fechas y detalles de Daniel corresponden, de manera fascinante, a la llegada del Cristo descrito en el Nuevo Testamento. En los evangelios encontramos una resolución definitiva del patrón que se venía repitiendo a lo largo del Antiguo Testamento. Desde el principio de la historia sagrada, Dios hizo pactos con su pueblo elegido, que rompía repetidamente el vínculo por el pecado. Cada vez, el resultado fue desastroso. Sin embargo, Dios, una y otra vez, llevó a su pueblo hacia delante, hacia arriba, mediante su misericordia y perdón.

«Mas cuando llegó la plenitud del tiempo, envió Dios a su Hijo, nacido de mujer, nacido bajo la ley, para rescatar a los que estaban bajo la ley, para que recibiéramos la adopción filial» (*Gal* 4, 4-5). La plenitud del tiempo llegó, como había profetizado Daniel, con la venida del Cristo.

El Nuevo Testamento nos llega en un nuevo lenguaje. Mientras que la mayor parte del Antiguo Testamento se escribió en hebreo, el idioma original del Nuevo Testamento fue el griego. La nueva lengua implicaba nuevo vocabulario y una nueva palabra para *santo*.

Para entonces, el Antiguo Testamento había sido fielmente traducido al griego por judíos que vivían en Egipto. Su traducción se conoce como la *Septuaginta*, que significa *setenta*, porque, según la leyenda, el trabajo fue llevado a cabo por setenta traductores. Dondequiera que el hebreo usara la palabra *kadosh* o sus formas relacionadas, la *Septuaginta* consistentemente la traducía con la palabra griega *hagios*. El Nuevo Testamento, redactado principalmente por judíos que hablaban griego, emplea el vocabulario de la *Septuaginta*.

Es interesante comprobar que el Nuevo Testamento utiliza abundantemente el lenguaje de la santidad para describir a un individuo: Jesús, el Mesías. Entre los muchos elementos de evidencia de la divinidad de Jesús está el hecho de que los evangelios usan el lenguaje de la santidad para nombrarlo o describirlo.

En la Anunciación, el ángel le dice a María que «la fuerza del Altísimo te cubrirá con su sombra; por eso el *Santo* que va a nacer será llamado Hijo de Dios» (*Lc* 1, 35).

Al final del discurso del Pan de Vida, después de que Jesús desafíe a sus discípulos a creer en su presencia eucarística, Pedro responde con una audaz confesión de fe. Dice: «Señor, ¿a quién vamos a acudir? Tú tienes palabras de vida eterna; nosotros creemos y sabemos que tú eres el Santo de Dios» (*Jn* 6, 68-69).

Incluso los demonios se ven obligados a dar testimonio de la santidad de Jesús. Expulsados por el Señor, claman: «¿Qué tenemos que ver nosotros contigo, Jesús Nazareno? ¿Has venido a acabar con nosotros? Sé quién eres: el Santo de Dios» (*Mc* 1, 24; *Lc* 4, 34).

Jesús es «*el* Santo». El título destaca su santidad, una cualidad propia solo de Dios, pero también su singularidad, porque posee esta cualidad por naturaleza.

Es santo porque es divino. Jesús mismo continúa la práctica del Antiguo Testamento de aplicar el lenguaje de la santidad a Dios. Cuando enseña a sus discípulos a orar, les indica que digan: «Santificado sea tu nombre» (*Mt* 6, 9; *Lc* 11, 2), una forma tradicional judía de dirigirse a Dios. El nombre de Dios es su identidad: es santo.

Un desarrollo sorprendente en el Nuevo Testamento es el uso de *santo* para referirse al Espíritu de Dios. Este hermoso nombre, Espíritu Santo, aparece solo tres veces en las escrituras hebreas: en el salmo 51, 11; *Isaías* 63, 10 e *Isaías* 63, 11. Sin embargo, en el Nuevo Testamento aparece más de noventa veces.

Además, se utiliza como el nombre propio de una persona divina que es distinta de aquel a quien Jesús se dirige como Padre. Jesús habla de que el Padre envía al Espíritu (*Jn* 14, 26). Jesús mismo confiere el Espíritu a sus discípulos (*Jn* 20, 22). Está claro, también, que las acciones del Espíritu son distintas de las del Padre y de Jesús. El Espíritu enseña y recuerda (*Lc* 12, 12; *Jn* 14, 26). Por tanto, el Espíritu no es una fuerza impersonal o una energía, no es un poder sino una persona.

La santidad que el Antiguo Testamento atribuye a Dios, el Nuevo Testamento la atribuye a Jesús y al Espíritu Santo. En la santidad, Dios se revela como una Trinidad de personas divinas.

Con la revelación de Jesucristo, el himno trinitario de Isaías adquiere un nuevo significado. Representa la adoración de los serafines al Dios trino en el Templo del cielo.

Los oráculos de Isaías hablaban de una visión extraordinaria de la santidad en Dios. Pero la visión de Daniel parece indicar algo más. Daniel habla de una santidad divina compartida con los seres humanos, tan profunda que podrían llevarla como su identidad, como hacía Dios. Daniel habla de personas que podrían ser llamadas santas.

Lo que Daniel predice se realiza en el Nuevo Testamento.

En el momento de la muerte de Jesús, se nos dice que Jerusalén presenció varios fenómenos extraordinarios:

> Entonces el velo del templo se rasgó en dos de arriba abajo; la tierra tembló, las rocas se resquebrajaron, las tumbas se abrieron y muchos cuerpos de santos [*hagioi*] que habían muerto resucitaron y, saliendo de las tumbas después que él resucitó, entraron en la ciudad santa y se aparecieron a muchos (*Mt* 27, 51–53).

Parece que el Templo de Jerusalén, el recinto de la santidad de Dios en la tierra, fue clausurado tras la muerte del Mesías, tal como había predicho Daniel (*Dn* 9, 26). El velo que sellaba el lugar santo se rasga. Santos que habían muerto hacía mucho tiempo son vistos vagando fuera de sus tumbas. Estos eran los profetas, mártires y otros fieles del período del Antiguo Testamento.

Esa es la primera vez que encontramos el término *santo* en el sentido de la predicción de Daniel, pero está lejos de ser la última. La palabra aparece después, en los *Hechos de los Apóstoles*, para describir a aquellos que tienen fe en Jesucristo, los miembros de la Iglesia. Cuando Dios le pide a Ananías que instruya a Saulo en la fe, Ananías protesta, diciendo: «Señor, he oído a muchos hablar de ese individuo y del daño que ha hecho a tus santos en Jerusalén» (9, 13). Más adelante en el mismo capítulo, los cristianos en Lida son llamados dos veces *santos* (vv. 32, 41). Cerca del final del libro, Pablo confiesa que había encerrado «en cárceles a muchos de los santos» (26, 10).

Aunque la ciudad santa se había profanado a sí misma con la muerte del Mesías, la santidad no desapareció de la tierra. Apareció en la Iglesia, y más específicamente en los miembros santos de la Iglesia.

Estas expresiones de santidad estallan en las cartas de san Pablo. En muchas de ellas, se dirige a sus destinatarios como santos:

A todos los que están en Roma, amados de Dios, llamados santos (*Rm* 1, 7).

a la Iglesia de Dios que está en Corinto, a los santificados por Jesucristo, llamados santos (*1 Cor* 1, 2).

a la Iglesia de Dios que está en Corinto, con todos los santos que residen en Acaya (*2 Cor* 1, 1).

a todos los santos en Cristo que residen en Filipos, con sus obispos y diáconos (*Flp* 1, 1).

a los santos y fieles hermanos en Cristo que residen en Colosas (*Col* 1, 2).

Los saludos mismos nos dicen mucho acerca de la doctrina del Nuevo Testamento sobre la santidad y su desarrollo a partir de la antigua tipología.

La santidad, para Pablo, ya no es un término reservado para Dios. Ahora también pertenece a los creyentes. Es, de hecho, sinónimo de pertenencia a la Iglesia. En Israel, el sacerdocio (como grupo) era santo; pero en la Iglesia, la palabra se aplica a todos, no solo a los «obispos y diáconos». Todos los que pertenecen a la Iglesia están «santificados». Así, Pablo muestra que la santidad es algo que les es dado, no es obra suya. Alguien los está llamando y santificando. Y solo puede ser Dios, que es el único santo (*Ap* 15, 4).

A medida que avanzamos más allá de los saludos, descubrimos más sobre las cualidades de aquellos individuos a quienes Pablo se atreve a llamar santos.

De Pablo aprendemos que «su intercesión [del Espíritu] por los santos es según Dios» (*Rm* 8, 27); y que, cuando los santos rezan, lo hacen en el Espíritu Santo: «Orad en toda ocasión en el Espíritu, [...] suplicando por todos los santos» (*Ef* 6, 18). Leemos también que Cristo habita en los corazones de todos los santos (cfr. *Ef* 3, 17–18). Así, los santos —de alguna manera, misteriosamente— comparten la vida de las personas divinas de la Trinidad.

De *1 Corintios* aprendemos que los cristianos, como grupo, son la morada de la santidad, el Templo en el que habita el Espíritu (3, 16), y que el cuerpo físico de cada cristiano —incluso los que no provienen del judaísmo— es un templo (6, 19).

En una dimensión más práctica, los santos cuidan unos de otros (*Rm* 12, 13), de Pablo, como su pastor (*Rm* 15, 25) y practican la hospitalidad (*Rm* 16, 2). Los santos son aquellos «que en cualquier lugar invocan el nombre de nuestro Señor Jesucristo» (*1 Cor* 1, 2).

A través de su ministerio, los santos participan en la «edificación del cuerpo de Cristo» (*Ef* 4, 12). Sus vidas se caracterizan por actos virtuosos y el evitar los vicios: «De la fornicación, la impureza, indecencia o afán de dinero, ni hablar; es impropio de los santos» (*Ef* 5, 3). Así, los corazones de los santos pueden ser «santos e irreprochables en la venida de nuestro Señor Jesús con todos sus santos» (*1 Tes* 3, 13).

Los santos están llamados a la esperanza porque ya conocen la «riqueza de la gloria que

[Dios] da en herencia» (*Ef* 1, 18). Son ciudadanos de una ciudad celestial y miembros de la familia de Dios (cfr. *Ef* 2, 19). En ese sentido, Pablo hace una distinción importante. En el primer capítulo de su *Carta a los colosenses* usa el término *santos* cuatro veces. En la primera instancia (v. 2), interpela directamente a los miembros de la Iglesia en Colosas, y se dirige a ellos como santos. La segunda vez (v. 4), está hablando de los cristianos en todo el mundo. La tercera vez, sin embargo, ha trascendido la dimensión terrena y está hablando del «pueblo santo en la luz» (v. 12), es decir, aquellos cristianos que han muerto y cuyas almas ya residen en el cielo. La última vez (v. 26), parece que Pablo está considerando a los santos en la tierra y en el cielo juntos, como miembros de una comunión que abarca todo.

En las vidas de todos los santos, dice Pablo, «el misterio escondido desde siglos y generaciones» es «revelado ahora a sus santos» (*Col* 1, 26). En el juicio, Cristo vendrá «a manifestar su gloria entre sus santos y a provocar la admiración entre todos los creyentes», porque a través del testimonio de los santos el evangelio se ha dado a conocer en el mundo (*2 Tes* 1, 10).

La santidad ya no es la posesión colectiva de un pueblo aislado. Ya no está restringida a los portadores de cierta etnia o a los habitantes de una tierra santa. En días anteriores, explica Pablo, así había sido. Los gentiles habían vivido «sin Cristo: extranjeros a la ciudadanía de Israel, ajenos a las alianzas y sus promesas, sin esperanza y sin Dios en el mundo» (*Ef* 2,12).

Pero entonces llegó el giro decisivo de la historia, y ya «gracias a Cristo Jesús, los que un tiempo estabais lejos estáis cerca por la sangre de Cristo» (*Ef* 2, 13).

Porque es Dios, Jesucristo es el único verdadero *Santo*. Sin embargo, a través de su sacerdocio ha llegado a poblar la tierra con santos. Pablo pone mucho énfasis en esto. Esta doctrina ocupa un lugar central en su ministerio, es anunciada al comienzo de sus cartas y desarrollada después.

La aparición repentina y omnipresente de *santos* en el Nuevo Testamento implica un cambio profundo en la vida del pueblo de Dios. Él no cambia entre el Antiguo Testamento y el Nuevo, es inmutable a lo largo de la eternidad. La diferencia parece estar en la plenitud de su auto-revelación: la revelación de su vida trinitaria. Sin embargo, su revelación no fue simplemente la publicación de un hecho, fue el compartir su vida. Lo que cambió, y cambió profundamente, fue la relación entre Dios y la humanidad, entre el cielo y la tierra. Fue el cambio en las relaciones lo que hizo que hubiera santos.

Pero, ¿*cómo* sucedió esto? ¿Qué consiguió el pueblo de Dios en la Nueva Alianza que había faltado en la Antigua?

8. SER SANTOS, SER DIOSES

Alianza es el término que usamos para describir la relación de Dios con su pueblo elegido desde el principio de los tiempos. El primer sábado de la creación, Dios hizo un juramento y estableció así un vínculo familiar con la humanidad. Renovó esta alianza con una serie de mediadores: Noé, Abraham, Moisés y David; acercándose cada vez más a los hombres, expandiendo cada vez más el alcance de su misericordia.

Pero luego vino un extraño oráculo a través del profeta Isaías. Hablando de un misterioso «siervo» del Señor, el profeta pronuncia dos veces la línea: «Hice de ti alianza de un pueblo» (*Is* 42, 6; 49, 8). Es una afirmación extraña y no parece tener sentido. Podríamos esperar que el Señor dijera: «He hecho una alianza contigo», o «Te he puesto como mediador de la alianza». Pero la simple identificación de una persona con una alianza (y viceversa) es sin precedentes.

Nunca diríamos que Moisés o David *eran* alianza, aunque cada uno sirvió como mediador de una. Parece que Isaías nos está guiando hacia algo diferente, algo que está en continuidad con el pasado, porque es un pacto, pero que al mismo tiempo es asombrosamente nuevo.

El oráculo se cumple en Jesucristo. En cierto sentido, Cristo es el mediador del pacto, en continuidad con Noé, Abraham, Moisés y David. Sin embargo, es mucho más. Es algo que ninguno de los mediadores anteriores hubiera podido ser. Jesús *es* la alianza hacia la que todas las alianzas anteriores se dirigían[1].

En Cristo, la alianza ahora se extiende más allá de un grupo selecto e incluye toda la humanidad, tanto israelitas como otras naciones. En Cristo, Dios apareció como «salvador de todos» (1 *Tim* 4, 10), «porque quiere que todos los hombres se salven y lleguen al conocimiento de la verdad» (2, 4). Así «los que un tiempo [estaban] lejos, [están] cerca por la sangre de Cristo» (*Ef* 2, 13). Es la sangre de Jesús la que hizo posible esta

---

[1] Hamish F. G. SWANSTON, *The Community Witness*, Sheed and Ward, Nueva York 1967, p. 69: «Cristo no solo comprende la alianza del éxodo, sino que completa y personaliza todas las alianzas anteriores entre Dios y los hombres. Cristo es el contenido de la alianza».

reconciliación, sangre derramada en la cruz (cfr. *Col* 1, 20), sangre compartida en la Eucaristía, que estableció explícitamente como su banquete de la alianza. En la Última Cena les dijo a sus apóstoles: «Este cáliz es la nueva alianza en mi sangre; haced esto cada vez que lo bebáis, en memoria mía» (*1 Cor* 11, 25; cfr. también *Lc* 22, 20)

A través de la Eucaristía él cumpliría y sostendría la comunión con sus santos.

San Pablo hace una pregunta retórica: «El cáliz de la bendición que bendecimos, ¿no es comunión de la sangre de Cristo?» (*1 Cor* 10, 16) y la única respuesta posible para un cristiano es «Por supuesto».

Comunión, participación: estas palabras son la forma larga para la única realidad que domina las cartas de Pablo. Está implícita en una sola y breve preposición: *en*.

Pablo describe en todas partes a Cristo vivo en la Iglesia, pero también en cada cristiano (ver *Rom* 8, 10; *Ef* 3, 17-19; *Col* 1, 27). Describe el proceso de manera inolvidable con términos profundamente personales. «Vivo, pero no soy yo el que vive —dice—, es Cristo quien vive en mí. Y mi vida de ahora en la carne, la vivo en la fe del Hijo de Dios, que me amó y se entregó por mí» (*Gal* 2, 20).

Dios se encarnó para poder habitar entre nosotros (*Jn* 1, 14). Es un portento que supera todas las expectativas, pero Pablo deja claro que la verdad es aún más maravillosa: Cristo, de hecho, vive en nosotros. Vive en los creyentes, y los creyentes viven «en Cristo». Es un mutuo habitar.

Es «en Cristo» que los cristianos han sido «santificados»: hechos santos (*1 Cor* 1, 2).

En Cristo «todos serán vivificados» (*1 Cor* 15, 22), igual que murieron «en Adán». Los cristianos deben considerarse «muertos al pecado y vivos para Dios en Cristo Jesús» (*Rom* 6, 11). «Porque la paga del pecado es la muerte, mientras que el don de Dios es la vida eterna *en Cristo Jesús*» (*Rom* 6, 23).

«En Cristo», los cristianos son inseparables del amor de Dios (*Rom* 8, 39). «No hay, pues, condena alguna para los que están en Cristo Jesús» (8, 1). Además, no hay nada que divida a los pueblos de la tierra. Porque «en Cristo» todos son uno: «No hay judío y griego, esclavo y libre, hombre y mujer» (*Gal* 3, 28).

Incluso cuando Pablo habla, lo hace «en Cristo» (*2 Cor* 2, 17). Todos los que están «en Cristo» comparten «la mente de Cristo» (*Fil* 2, 5; *1 Cor* 2, 16). Son privilegios extraordinarios que llegan con la Nueva Alianza.

Los que estaban lejos se han acercado. ¿Cuánto? Tanto que ahora viven «en Cristo» y Cristo vive en ellos. Esta es la relación que la Nueva Alianza ha traído y que sintetiza las etapas anteriores de la interacción de Dios con el hombre: la creación, el éxodo y el reino. Porque «si alguno está en Cristo es una criatura nueva» (*2 Cor* 5, 17). Cristo es «nuestra víctima pascual» (*1 Cor* 5, 7). En Cristo hemos sido santificados para que podamos heredar no solo el reino de David, sino el de Dios (*1 Cor* 6, 9-11). En el antiguo orden, el pueblo de la alianza de Dios llegaba a habitar en una tierra prometida. Sin embargo, en el nuevo orden, a los creyentes Dios «nos ha resucitado con Cristo Jesús, nos ha sentado en el cielo con él» (*Ef* 2, 6).

La Nueva Alianza ha realizado esto estableciendo entre Dios y el hombre el vínculo familiar más estrecho posible. La Escritura lo compara con el matrimonio y con el vínculo entre un padre y un hijo. Pero es aún más que eso: la inhabitación —vivir en otro— es una relación conocida anteriormente solo por Dios.

En el evangelio de Juan, Jesús exhorta insistentemente a los hombres a vivir *en* él:

Permaneced en mí, y yo en vosotros. Como el sarmiento no puede dar fruto por sí, si no permanece en la vid, así tampoco vosotros, si no permanecéis en mí. Yo soy la vid, vosotros los sarmientos; el que permanece en mí y yo en él, ese da fruto abundante; porque sin mí no podéis hacer nada (*Jn* 15, 4-5).

Aquí usa la metáfora de la vid y el sarmiento para ilustrar el principio de la inhabitación. Pero otras veces usa otra analogía: con frecuencia compara su comunión con los creyentes con su comunión con el Padre.

En una ocasión, por ejemplo, reza: «Que todos sean uno, como tú, Padre, en mí, y yo en ti, que ellos también sean uno en nosotros, para que el mundo crea que tú me has enviado» (*Jn* 17, 21). Promete a sus discípulos que algún día sabrán «que yo estoy en mi Padre, y vosotros en mí y yo en vosotros» (14, 20).

La relación fundamental, por tanto, es la comunión que Jesús comparte con el Padre (cfr. *Jn* 10, 38; 14, 10). Pero también invita claramente a sus discípulos a entrar en esta relación a través de la unión consigo. Los sacramentos son los medios para llegar a esta unión. Jesús dejó esto claro en su discurso del Pan de Vida: «El que come mi carne y bebe mi sangre habita en mí y yo en él» (*Jn* 6, 56).

Esta unión sacramental es algo esencial para la salvación. Jesús dijo: «Si no coméis la carne del Hijo del hombre y no bebéis su sangre, no tenéis vida en vosotros» (*Jn* 6, 53). Esto corresponde, además, con lo que encontramos en las cartas de san Pablo, quien contrapone aquellos que viven «en Cristo» a aquellos que mueren «en Adán». En el evangelio de Juan, Jesús confirma esto en términos impactantes: «Al que no permanece en mí lo tiran fuera, como el sarmiento, y se seca; luego los recogen y los echan al fuego, y arden» (*Jn* 15, 6).

En Cristo, Dios vino a salvar a toda la humanidad. Pero ¿qué es la salvación? La definición más comúnmente dada proviene de las Escrituras: Jesús vino a salvar «a su pueblo de sus pecados» (*Mt* 1, 21). Y eso es cierto, por supuesto, hasta cierto punto. Pero no es toda la verdad.

La salvación no es simplemente *de* algo; es *para* algo. Dios liberó a su pueblo del pecado para que pudieran convertirse en sus hijos e hijas. Dio llevó a cabo la «redención» para llegar a la «adopción» (*Rom* 8, 23): «Para rescatar a los que estaban bajo la ley, para que recibiéramos la adopción filial» (*Gal* 4, 5).

La salvación del pecado es un requisito previo, pero la adopción como hijos de Dios es el significado más profundo de la salvación. Presupone redención, justificación y todas las demás metáforas propuestas por Pablo, Juan y los demás autores del Nuevo Testamento. En el bautismo recibimos una purificación, pero la purificación es el comienzo de algo nuevo. No un comienzo cualquiera, es un principio de santidad: «Fuisteis lavados, santificados, justificados» (*1 Cor* 6, 11).

> Mas cuando se manifestó la bondad de Dios nuestro Salvador y su amor al hombre, no por las obras de justicia que hubiéramos hecho nosotros, sino, según su propia misericordia, nos salvó por el baño del nuevo nacimiento y de la renovación del Espíritu Santo, que derramó copiosamente sobre nosotros por medio de Jesucristo nuestro Salvador, para que, justificados por su gracia, seamos, en esperanza, herederos de la vida eterna (*Ti* 3, 4-7).

Algunos exégetas no católicos se detienen antes de llegar a esta realidad. En su lugar, centran el enfoque en la justificación, e interpretan la justicia según los estándares del tribunal moderno. Pero al hacerlo, ignoran el contexto cultural y religioso de las muchas metáforas de san Pablo: la idea de alianza era sumamente importante para él (como para todos los judíos del siglo I). Fue la alianza con Dios la que constituyó a Israel como el pueblo elegido. La alianza creó un vínculo familiar; y con la «nueva alianza» de Jesús (*1 Cor* 11, 25) ese vínculo familiar se hizo inmensamente más fuerte y cercano. El bautismo hizo que los hombres, seres comunes, fuéramos identificados con Jesús. Nos hizo hijos de Dios en el Hijo eterno de Dios (cfr. *Gal* 3, 26). En el bautismo nos hemos hecho «partícipes de la naturaleza divina» (*2 P* 1, 4).

San Pablo sabía que Dios no estaba satisfecho siendo simplemente nuestro juez. Quería ser nuestro Padre (cfr. *Ef* 1, 5). Y eso fue (y sigue siendo) la esencia misma de la salvación en Cristo[2].

Cuantos se dejan llevar por el Espíritu de Dios, esos son hijos de Dios. Pues no habéis recibido un espíritu de esclavitud, para recaer en el temor, sino que habéis recibido un Espíritu de hijos de adopción, en el que clamamos: «¡Abba, Padre!». Ese mismo Espíritu da testimonio a nuestro espíritu de que somos hijos de Dios; y, si hijos, también herederos; herederos de Dios y coherederos con Cristo (*Rom* 8, 14-17).

---

[2] O. R. JONES, *The Concept of Holiness*, Macmillan, Nueva York 1961, p. 95: «Santos son quienes pertenecen a la familia de Dios [...] La misma idea se encuentra en *Efesios* 1, 4-5: "para que fuésemos santos e intachables ante él por el amor. Él nos ha destinado [...] a ser sus hijos"». Ver también: David Vincent MECONI, *Christ Alive in Me: Living as a Member of the Mystical Body*, Emmaus Road Publishing, Steubenville (OH) 2021.

Para los primeros cristianos, ser salvado significaba pasar a ser hijo de Dios. Su palabra para este proceso transmitía su asombro. Se atrevieron a llamarlo *theosis* y *theopoeisis*. Normalmente traducimos estas palabras como *deificación* o *divinización*. Literalmente, quieren decir *hacer dios*. ¿Por qué no iban a usar ese lenguaje los cristianos si Jesús mismo lo usó?

Un grupo de oponentes una vez amenazó a Jesús, diciendo: «No te apedreamos por una obra buena, sino por una blasfemia: porque tú, siendo un hombre, te haces Dios» (*Jn* 10, 33). Jesús respondió: «¿No está escrito en vuestra ley: "Yo os digo: sois dioses"?» (*Jn* 10, 34). Estaba citando el salmo 82, pero solo parcialmente. La frase en su totalidad dice: «[sois] dioses, e hijos del Altísimo todos» (*Salm* 82, 6).

Esta parece ser su visión del potencial humano. Cristo veía una multitud y los desafiaba: «Sed perfectos, como vuestro Padre celestial es perfecto» (*Mt* 5, 48). Incluso lo proponía a personas concretas: «Si quieres ser perfecto...» (*Mt* 19, 21).

Lo que es implícito en Juan se vuelve explícito en Pablo, quien habla de los «salvados» en términos divinos. Los cristianos son hijos de Dios, herederos de Dios, glorificados con Cristo (*Rom* 8, 17; cfr. *Gal* 4, 7). Por su asociación con

Cristo, reciben dones que propiamente pertenecen solo a Dios: «Pues todo es vuestro [...]: todas las cosas son vuestras... y vosotros de Cristo; y Cristo de Dios" (*1 Cor* 3, 21 y 23).

En el siglo XI, san Anselmo de Canterbury hizo la famosa pregunta: *Cur Deus Homo*?: ¿Por qué Dios se hizo hombre?

San Juan anticipó la pregunta y proporcionó una respuesta:

> Porque tanto amó Dios al mundo, que entregó a su Unigénito, para que todo el que cree en él no perezca, sino que tenga vida eterna. Porque Dios no envió a su Hijo al mundo para juzgar al mundo, sino para que el mundo se salve por él (*Jn* 3, 16).

De nuevo, cuando hablamos de «vida eterna», estamos hablando de algo que pertenece por naturaleza *solo a Dios*. La vida eterna no es lo mismo que vida inmortal. Jesús no promete simplemente una salvación del pecado y sus consecuencias. La vida eterna es una vida que trasciende el tiempo. Es la vida que pertenece exclusivamente a Dios. Sin embargo, se vuelve nuestra cuando conocemos a Jesucristo. Él nos ha dado su palabra: «Esta es la vida eterna: que te conozcan a ti, único Dios verdadero, y a tu enviado, Jesucristo» (*Jn* 17, 3).

Por eso Dios se hizo hombre: para salvarnos del pecado, para que pudiéramos ser santos, con su santidad. «Al que no conocía el pecado, lo hizo pecado en favor nuestro, para que nosotros llegáramos a ser justicia de Dios en él» (*2 Cor* 5, 21). La tradición cristiana ha llamado a esto el *maravilloso intercambio*: «Pues conocéis la gracia de nuestro Señor Jesucristo, el cual, siendo rico, se hizo pobre por vosotros para enriqueceros con su pobreza» (*2 Cor* 8, 9).

Recibimos la vida de Dios —su naturaleza— en el bautismo. La renovamos en los demás sacramentos, especialmente la Eucaristía. Correspondemos a ese don gradualmente, a lo largo de toda la vida. «Mas todos nosotros, con la cara descubierta, reflejamos la gloria del Señor y nos vamos transformando en su imagen con resplandor creciente» (*2 Cor* 3, 18).

Esto era evidente para los primeros cristianos. Así es como entendían la salvación, y se refleja claramente en las grandes obras de los Padres de la Iglesia. Alrededor del año 150, san Justino une los hilos de la doctrina de san Pablo y señala que en *Génesis* el hombre y la mujer «fueron creados a semejanza de Dios, libres del sufrimiento y de la muerte». Así, «eran considerados dignos de convertirse en dioses y de tener poder para llegar a ser hijos del Altísimo»[3]. Solo unos pocos años después, San Ireneo de Lyon habla de Jesús como el Logos de Dios [...] el cual, *por su amor sin medida* (cfr. *Ef* 3, 19), se hizo lo que nosotros, para hacernos *perfectos* con la perfección de Él»[4]. Y unos años después, Clemente de Alejandría escribe que «la Palabra de Dios se hizo hombre, para que aprendierais de un hombre cómo llegar a ser Dios»[5]

Esos son solo unos pocos ejemplos para mostrar lo que los cristianos creían cuando la fe era reciente. Son representativos —no exhaustivos— y todos del siglo II. Los Padres posteriores, especialmente en Oriente, hablaron aún más explícitamente

Lo que la Iglesia enseñaba claramente entonces, lo sigue enseñando hoy. Veamos lo que el *Catecismo de la Iglesia Católica* (§460) dice sobre la salvación:

El Verbo se encarnó para hacernos «partícipes de la naturaleza divina» (*2 P* 1, 4): «Porque tal es la razón por la que el Verbo se hizo hombre, y el Hijo de Dios, Hijo del hombre: para que el hombre al

---

[3] San Justino Mártir, *Diálogo con Trifón*, 124.

[4] San Ireneo de Lyon, *Adversus haereses*, libro V, prefacio, en Antonio Orbe, *Teología de san Ireneo*, vol. 1, BAC, Madrid 1985, p. 49.

[5] San Clemente de Alejandría, *Exhortación a los paganos*, 1.

entrar en comunión con el Verbo y al recibir así la filiación divina, se convirtiera en hijo de Dios» (San Ireneo de Lyon, *Adversus haereses*, 3, 19, 1). «Porque el Hijo de Dios se hizo hombre para hacernos Dios» (San Atanasio de Alejandría, *De Incarnatione*, 54, 3: PG 25, 192B). «El Hijo Unigénito de Dios, queriendo hacernos partícipes de su divinidad, asumió nuestra naturaleza, para que, habiéndose hecho hombre, hiciera dioses a los hombres») (Santo Tomás de Aquino, *Oficio de la festividad del Corpus*, Of. de Maitines, primer Nocturno, Lectura I).

Ese párrafo compacto está compuesto casi en su totalidad por citas provenientes de las Escrituras (2 P 1, 4), San Ireneo, san Atanasio y santo Tomás de Aquino. La enseñanza cristiana sobre la divinización y la deificación es clásica y es constante. De hecho, es la característica definitoria de lo que llamamos cristianismo clásico.

La santidad es la cualidad que distingue a Dios de todo lo demás. Es su *otredad*, su *trascendencia*, su *eternidad*. Los objetos terrenales son sagrados solo por su proximidad a Dios. En las Escrituras hebreas, las personas individuales no eran descritas como santas. Sin embargo, en la encarnación, Dios cerró esa brecha, haciéndose lo que somos para que pudiéramos llegar a ser lo que Él es. Ha compartido su naturaleza, su vida, su carne y su sangre con todos nosotros.

9. UN CUERPO SANTO

Esto es la salvación: compartir la vida del Hijo de Dios y así conocer el amor del Padre eterno. Ser salvado es vivir como Dios, como «hijos en el Hijo», en palabras de los Padres de la Iglesia. Los cristianos podemos llamar a Dios *Padre* porque vivimos en Jesucristo, el Hijo eterno. Somos hijos de Dios debido a la comunión sacramental con Jesús, a la mutua inhabitación.

Decir que los cristianos estamos *divinizados* o *deificados* no es decir que seamos *dioses* como lo es Jesús. Jesús es eterno, y nosotros temporales. Jesús es omnipotente, y nosotros débiles sin la fuerza de Cristo (cfr. *Fil* 4, 13). Jesús es omnipotente, e incluso las personas más inteligentes no saben casi nada en comparación. Sin embargo, a través del bautismo, Dios otorga a los cristianos una parte creada de su gloria increada.

A través del bautismo y la Eucaristía, los cristianos compartimos la santidad de la vida divina.

Dios parecía haber ordenado lo imposible cuando dijo: «Sed santos porque yo soy santo» (*Lev* 11, 45). La santidad de Dios es, por definición, su otredad, lo que le distingue de nosotros, pero en la encarnación cruzó la brecha hacia nosotros, y por su sangre nos atrajo a su santidad.

San Pedro reitera el mandamiento del *Levítico*, enfatizando la dimensión moral: «Lo mismo que es santo el que os llamó, sed santos también vosotros en toda vuestra conducta, porque está escrito: "Seréis santos, porque yo soy santo"» (*1 P* 1, 15-16).

Estamos acostumbrados a asociar un comportamiento ejemplar con el término, pero el Nuevo Testamento lo usa de hecho de una manera más inclusiva. Para san Pablo, *los santos* es un término equivalente a *la Iglesia*. «La Iglesia» es lo mismo que «los santificados por Jesucristo, llamados santos» (1 *Cor* 1, 2). La palabra griega para iglesia es *ekklesia*, literalmente *asamblea* y etimológicamente *los llamados a salir*. La etimología es interesante porque implica un llamado a la otredad. Aquellos que están en la Iglesia ya no son los hombres, mujeres o niños que eran antes del bautismo. Han sido apartados para el servicio de Dios. Son santos.

Sin embargo, no son llamados aisladamente. La noción bíblica de salvación no es individualista.

No se trata solo de *Jesús y yo*. Ser salvado consiste en tener no solo una relación personal sino también una relación comunitaria con Jesús. Como era en el Antiguo Testamento, así también en el Nuevo: los que son salvos pertenecen a Dios porque pertenecen al pueblo de Dios (*1 Jn* 1, 3).

Ser santo, por tanto, es estar en comunión con Dios y también con los demás santos. San Pablo usó muchas metáforas para describir esta santidad colectiva: la comparó a un edificio, a un templo, y a un equipo de trabajadores. Sin embargo, su metáfora favorita con diferencia fue la del cuerpo de Cristo.

«Vosotros sois el cuerpo de Cristo», escribió a los corintios, «y cada uno es un miembro» (*1 Cor* 12, 27). Y a los romanos: «Pues, así como en un solo cuerpo tenemos muchos miembros, y no todos los miembros cumplen la misma función, así nosotros, siendo muchos, somos un solo cuerpo en Cristo, pero cada cual existe en relación con los otros miembros» (*Rom* 12, 4-5).

La Iglesia es donde habita Cristo, y la Iglesia es una. El apóstol dijo a los efesios: «Un solo cuerpo y un solo Espíritu, como una sola es la esperanza de la vocación a la que habéis sido convocados» (*Ef* 4, 4). La unidad es esencial: «Todo el cuerpo, bien ajustado y unido a través de todo el complejo de junturas que lo nutren, actuando a la medida de cada parte, se procura el crecimiento del cuerpo, para construcción de sí mismo en el amor» (*Ef* 4, 16). Los santos son responsables de sus prójimos, los demás santos. Su actuar debe contribuir a «la edificación del cuerpo de Cristo» (*Ef* 4, 12).

Este Cuerpo, esta Iglesia, es católica, universal. La salvación viene de los judíos, pero es para todo el mundo. Pablo deja esto claro cuando dice: «Los gentiles son coherederos, miembros del mismo cuerpo, y partícipes de la misma promesa en Jesucristo, por el Evangelio» (*Ef* 3, 6).

Es la Eucaristía la que efectúa esta unidad y catolicidad. La Eucaristía construye la Iglesia. Volviendo a la *Carta a los corintios*, Pablo afirma: «Porque el pan es uno, nosotros, siendo muchos, formamos un solo cuerpo, pues todos comemos del mismo pan» (*1 Cor* 10, 17). La Eucaristía, que es el Cuerpo de Cristo, hace que también la Iglesia sea Cuerpo de Cristo (*1 Cor* 11, 24). Los santos, juntos, se transforman en lo que consumen.

El Cuerpo es la Iglesia. Eso es indiscutible. Y Jesucristo «es también la cabeza del cuerpo: de la Iglesia» (*Col* 1, 18). La Iglesia está compuesta por aquellos a quienes Jesús desea presentar como «santos, sin mancha y sin reproche» (*Col* 1, 22). Él quiere que seamos como él.

San Pablo deja claro que Jesús no está simplemente cubriendo nuestros pecados, está fortaleciendo nuestra conversión. Porque vive en nosotros, y nosotros en él, somos capaces de vivir su vida, no solo en el cielo sino ya aquí en la tierra. El apóstol de las gentes escribe a los colosenses: «Ahora me alegro de mis sufrimientos por vosotros: así completo en mi carne lo que falta a los padecimientos de Cristo, en favor de su cuerpo que es la Iglesia» (*Col* 1, 24). Es una declaración misteriosa, porque ¿qué podría faltar en el sacrificio perfecto de Jesucristo? ¿Qué podría necesitar la ofrenda que el único mediador (1 *Tim* 2, 5) hizo una vez para siempre (*Heb* 7, 27)?

Lo que falta es aquello que Cristo quiso que faltara por nuestro bien, para que, como miembros de su Cuerpo, suframos en él como él sufre en nosotros, y suframos como él lo hizo, por el bien de la Iglesia, que es su Cuerpo.

Cristo predijo el día en que la Iglesia sería, «su cuerpo, plenitud del que llena todo en todos» (*Ef* 1, 23). Previó el día en que Pablo —y todos los cristianos— co-redimirían con él al unir sus sufrimientos a los suyos. Este es el propósito de la Iglesia: compartir no solo los frutos de la expiación sino la propia expiación, siendo «colaboradores de Dios» (*1 Cor* 3, 9).

Vivir así «*es* Cristo» (*Fil* 1, 21), dice san Pablo, y así es como todos los cristianos estamos destinados a vivir.

No es un camino solitario. Llamados a ser santos, somos llamados a apartarnos, pero juntos, viviendo con otros en el Cuerpo de Cristo, la Iglesia. Nuestra morada es ciertamente individual, pero también es colectiva. Juntos somos «santos en Cristo» (*Fil* 1, 1).

El gran erudito del Nuevo Testamento y obispo anglicano N. T. Wright explica el desarrollo de esta historia a lo largo del canon bíblico. La presencia divina abandonó el Templo cuando Jerusalén fue saqueada por los babilonios en el 586 a. C. El Arca de la Alianza desapareció, ya no había nube de gloria. Incluso cuando el Templo fue reconstruido en la época de Nehemías, el sanctasanctórum permaneció vacío, y los fenómenos sobrenaturales no regresaron, aunque los profetas habían predicho una restauración completa. Wright afirma: «Si le hubieras preguntado a un judío del primer siglo si se habían cumplido las promesas de *Isaías* 40 o 52, o de Ezequiel, Zacarías y Malaquías, la respuesta habría sido obvia: por supuesto que YHWH no había regresado»[1].

---

[1] N. T. Wright, "The Glory Returns: Spirit, Temple and Eschatology in Paul and John", en Chrēstos K. Karakolēs

Pero las profecías se cumplieron, porque el cuerpo de Jesús es el nuevo Templo de la presencia del Señor, y su cuerpo es idéntico a la Iglesia. Según Wright,

> La resurrección del cuerpo será el cumplimiento de la promesa de reconstruir el templo, y sucederá porque vuestros cuerpos ya son el templo renovado. La gloria divina ha regresado, tanto en Jesús como en el Espíritu [...].
>
> Desde este punto de vista es fácil ver por qué la visión que Pablo tiene de la Iglesia es la que es. Cuando habla de la iglesia como templo de Dios, en *1 Cor* 3; *2 Cor* 6, no es una imagen al azar. Pertenece a su creencia general de que en Jesús y en el Espíritu el Dios de Israel había regresado en persona para redimir a su pueblo y habitar en medio de ellos; esta vez, en la Iglesia misma[2].

Así, el «propósito mismo del Templo, y la propia morada de Dios, por el Espíritu, es ante todo la santidad del pueblo»[3]. Esta es «la realidad hacia la cual el tabernáculo del desierto, y más tarde el Templo de Jerusalén, habían señalado

---

et al., eds., *The Holy Spirit and the Church according to the New Testament*, Mohr, Tubinga 2016, p. 75.

[2] WRIGHT, "The Glory Returns", p. 79.

[3] WRIGHT, "The Glory Returns", p. 84.

siempre»[4]. La «antigua promesa del regreso de Dios al Templo está finalmente por cumplirse: en ellos, por el Espíritu»[5].

Ser bautizado es ser incorporado al Cuerpo de Cristo. Es ser divinizado, adoptado como hijo de Dios. Pero, como expresó el teólogo David Fagerberg, «el bautismo no nos conserva en agua bendita hasta el día del juicio»[6]. Tenemos nuestros altibajos en esta nueva vida. Progresamos o retrocedemos. Dios nos da la libertad incluso de poner fin a su vida en nosotros mediante el pecado mortal deliberado.

Nuestra participación en la vida divina es una gracia, pero es una gracia recibida y guardada libremente. «En efecto, somos partícipes de Cristo si conservamos firme hasta el final la actitud del principio» (*Heb* 3, 14).

La complacencia es destructiva para la salvación. San Agustín lo expresó bien en el siglo v:

Veis que somos viandantes [...]. Avanzad, hermanos míos; [...] donde hallaste complacencia en ti,

---

[4] WRIGHT, "The Glory Returns", p. 81.

[5] WRIGHT, "The Glory Returns", p. 84.

[6] David W. FAGERBERG, *Liturgical Dogmatics: How Catholic Beliefs Flow from Liturgical Prayer*, Ignatius Press, San Francisco 2021, p. 62.

allí te quedaste. Mas si has dicho: «Es suficiente», también pereciste. Añade siempre algo, camina continuamente, avanza sin parar; no te pares en el camino, no retrocedas, no te desvíes[7].

Algunas personas se niegan a aceptar que tengamos tal libertad. Creen que la salvación es una condición permanente e inalterable, que no puede cambiar ni siquiera por el pecado grave. Pero san Pablo declaró repetidamente lo contrario. En *Romanos* dijo: «Considera la bondad y la severidad de Dios: severidad con los que cayeron; contigo, bondad de Dios, si permaneces en la bondad; de otro modo, también tú serás desgajado» (11, 22).

Es una advertencia alarmante. Pero sus palabras a los gálatas son aún más crudas: «Habéis roto con Cristo, habéis salido del ámbito de la gracia» (5, 4). Habla a cristianos que habían aceptado el evangelio pero luego dejaron de vivir según sus exigencias, creyentes que habían encontrado la fe en Cristo pero después no «permanecieron» en él (cfr. *Jn* 15, 6). En su *Primera carta a Timoteo*, Pablo incluso menciona nombres: habla de Himeneo y Alejandro, quienes «naufragaron en la fe» (*1 Tim* 1, 19–20).

---

[7] San Agustín, "Sermón 169" nr. 18, en *Obras completas*, BAC, Madrid 2015, vol. xxiii, p. 826.

San Pedro habló en términos similares sobre cristianos que habían caído en herejía, «negando al Dueño que los adquirió, atraerán sobre sí una rápida perdición» (*2 P* 2, 1).

Tales retrocesos se produjeron en lugares tan dispersos como Roma, Galacia y Corinto. En otras palabras, en todas partes. Aquellos que recibieron la gracia de la fe, pero no se «mantuvieron en la palabra» y habían creído «en vano», dice el apóstol (cfr. *1 Cor* 15, 1-2). Pablo incluso reconoce que esto podría sucederle a él: «Golpeo mi cuerpo y lo someto, no sea que, habiendo predicado a otros, quede yo descalificado» (*1 Cor* 9, 27).

Ser *descalificado. Creer en vano. Salir de la gracia* y *romper con Cristo.* Es un lenguaje impactante, pero consistente y claro. Pablo está hablando acerca de aquellos que han recibido la salvación, han vivido en comunión con el Cuerpo de Cristo, pero luego optan por separarse de él al pecar gravemente.

Quienes no creen que la salvación pueda ser anulada a veces señalan otro pasaje de san Pablo: «Pues estoy convencido de que ni muerte, ni vida, ni ángeles, ni principados, ni presente, ni futuro, ni potencias, ni altura, ni profundidad, ni ninguna otra criatura podrá separarnos del amor de Dios manifestado en Cristo Jesús, nuestro Señor» (*Rom* 8, 38-39).

Pablo se refiere precisamente a que el sufrimiento no nos separa de Cristo, sino que nos *identifica* con Él. Solo el pecado puede separarnos. El apóstol insiste en que ni la muerte, ni la vida, ni siquiera los ángeles pueden destruir nuestra unión con Dios. Pero no dice lo mismo acerca del adulterio, el asesinato, el robo o la fornicación. No podía decir eso, porque el pecado mortal es incompatible con la vida divina (cfr. *1 Jn* 5, 16-17). No puede coexistir con la santidad de Dios, que compartimos gracias a nuestra salvación.

Lo que Pablo quiere decir está claro: nada fuera de nosotros puede forzar el fin de nuestra relación con Jesús. Solo nosotros mismos tenemos el poder de hacerlo.

Es aleccionador ver que se nos ha ordenado ser *perfectos* y *santos*, a pesar de que «todos pecaron y están privados de la gloria de Dios» (*Rom* 3, 23).

Sin embargo, esta fue la doctrina de Jesucristo, tal como la entendieron sus primeros discípulos. El documento cristiano más antiguo aparte de las Escrituras, la *Didaché*, termina con una exhortación a la vigilancia (la cursiva es mía):

Vigilad por vuestra vida. Que vuestras lámparas no se apaguen, ni vuestras cinturas se desciñan, sino estad atentos, porque no sabéis el día ni la hora en que vendrá el Señor (cfr. *Mt* 24, 42). Pero debéis reuniros a menudo, buscando las cosas que benefician a vuestras almas: *porque toda la fe que hayáis tenido no servirá de nada si no sois perfectos cuando llegue el final.*

Al igual que en *Hebreos* 3, 14 y todo lo que encontramos en los escritos de san Pablo, la *Didaché* urge a la primera generación de cristianos a esforzarse por alcanzar la santidad. Es una gracia, pero una gracia que hay que acoger.

San Pablo asume que el crecimiento en santidad es una parte normal de la vida cristiana y requiere nuestro compromiso activo, nuestro consentimiento y cooperación. «Todo lo que pedimos es que os enmendéis», les dice a los corintios, «trabajad por vuestra perfección» (*2 Cor* 13, 9. 11). La conversión, como vemos, no es un evento único, es una forma de vida.

Ser salvado es glorioso, pero no es la posesión final de la gloria. Dios quiere que avancemos de gloria en gloria (cfr. *2 Cor* 3, 18). Pablo enseñó a los nuevos cristianos lo más básico de la fe, pero esperaba que a partir de ahí avanzaran, que crecieran: «En vez de alimento sólido, os di a beber leche, pues todavía no estabais para más» (*1 Cor* 3, 2). Se implica que un día deberían estar listos. A los miembros de la Iglesia en Roma, que suponemos que estaban bautizados, les dice: «Ahora la salvación está más cerca de nosotros que cuando abrazamos la fe» (*Rom* 13, 11). Pablo y sus oyentes, al parecer, avanzaban hacia la salvación final. Todavía estaban creciendo en Cristo, como miembros de su Cuerpo.

El apóstol habla a menudo de *edificar* el Cuerpo de Cristo (cfr. *1 Cor* 14, 12; *Ef* 4, 12). Esto significa que los cristianos deben cultivar la santidad y la justicia en sí mismos y en sus compañeros. Deben crecer, rezar, estudiar, animar, corregir, dar testimonio, amar y obedecer. Su esfuerzo no debe cesar hasta la muerte, porque saben que «esta es la voluntad de Dios: vuestra santificación» (*1 Tes* 4, 3).

Su modelo en todo esto es Jesucristo, «el que inició y completa nuestra fe» (*Heb* 12, 2). Dios se hizo hombre y vivió una vida humana completa para que pudiéramos ver cómo es la santidad en cada circunstancia humana.

Los cristianos, desde la primera generación, también han buscado el ejemplo de los santos. San Pablo se atrevió a escribir a los corintios: «Sed imitadores míos como yo lo soy de Cristo» (*1 Cor* 11, 1). No es arrogancia, es la viva conciencia de su autoridad en la Iglesia. De hecho, lo dice dos veces en una sola carta (cfr. *1 Cor* 4,

16). Los santos son aquellos que luchan y cumplen con su obligación de edificar el Cuerpo de Cristo, la Iglesia, en sus propias almas primero y en las almas de los demás después.

La exhortación de Pablo a edificar el Cuerpo de Cristo puede parecer desconcertante, al igual que su afirmación de completar lo que falta en los sufrimientos de Cristo. ¿Qué puede faltar en el cuerpo de Cristo o en su acción redentora? Nuevamente, solo lo que él quiere, para que podamos trabajar con él y en él, incluso mientras él todavía trabaja con nosotros y en nosotros.

Vivir en Cristo, por tanto, es vivir en la Iglesia. Crecer espiritualmente es edificar la Iglesia.

La Iglesia, como pueblo de la alianza de Dios, es una sociedad, una comunión. Sin embargo, nadie pierde su individualidad en este colectivo. De hecho, nos volvemos más nosotros mismos a medida que crecemos en santidad[8].

---

[8] Fr. Michael E. GIESLER, *How Christ Save Souls — with Us: The Mystery of Co-Redemption*, Emmaus Road Publishing, Steubenville (OH) 2022.

10. SU TIPO DE SANTIDAD

En el clímax de una novela de misterio llega el momento en que el detective revela quién es el culpable. Una vez que tenemos ese conocimiento, vemos todo lo sucedido en los capítulos anteriores de otra manera. Había pistas por todas partes, pero no las habíamos entendido. El conocimiento de un motivo da sentido a acciones que antes eran inescrutables. Los comentarios improvisados de personajes secundarios adquieren de repente una gran importancia. Ahora vemos una cadena de eventos y causas donde antes solo veíamos episodios dispersos, sin relación[1].

La Sagrada Escritura en su conjunto funciona de esa manera. Dios es su autor principal. Ha inspirado todos sus textos, desde el *Génesis* hasta

---

[1] Richard B. Hays, *Reading Backwards: Figural Christology and the Fourfold Gospel Witness*, Baylor University Press, Waco (TX) 2014.

el *Apocalipsis*, aunque trabajando en cada uno con autores humanos como instrumento. San Pablo nos dice que las Escrituras están «inspirada por Dios» (*theopneustos*; *2 Tim* 3, 16). Para Jesús y sus contemporáneos, las Escrituras tenían una autoridad única: eran oráculos vivos (cfr. *Hch* 7, 38), entregados por ángeles (cfr. *Hch* 7, 53).

La Escritura es un solo libro compuesto por muchos libros. A lo largo de los siglos, y mediante muchos géneros literarios, cuenta una historia, una trama que se desarrolla gradualmente. El autor divino revela algunos detalles y oculta otros. Lo que sucede en las primeras páginas anticipa la resolución y el cumplimiento que llegará al final del libro.

La Escritura es única porque no hay otro libro escrito por Dios, pero sigue siendo un libro y tiene las características de la disciplina literaria.

Para los cristianos, la trama de la Sagrada Escritura es muy clara. La primera parte (el Antiguo Testamento) presenta la esperanza de la salvación y de un salvador. La segunda parte anuncia el cumplimiento de esa esperanza en Jesucristo.

Sin embargo, el cumplimiento llega como una sorpresa. Muchos que habían estado leyendo el libro en el primer siglo esperaban un tipo diferente de salvador. Esperaban un rey, un guerrero, un sumo sacerdote: un hombre que llegaría con poder y estatus, un hombre que conquistaría con su fuerza. Jesús llegó con mansedumbre y conquistó muriendo.

Sin embargo, su muerte y posterior resurrección fueron los eventos que de pronto dieron sentido a muchos episodios y oráculos previos. El Antiguo Testamento presenta *tipos* que anticipan el cumplimiento que vendrá en *antitipos*. Los textos anteriores prefiguran la salvación que vendría con la venida de Jesucristo. En palabras del *Catecismo*, «la tipología [...] reconoce, en las obras de Dios en la Antigua Alianza, prefiguraciones de lo que Dios realizó en la plenitud de los tiempos» (§128).

Los cristianos no inventaron la lectura tipológica de la Escritura. De hecho, las pautas para hacerlo se establecen en el segundo libro del canon. El *libro del Éxodo*, en muchos puntos, parece representar los eventos del éxodo de Israel como una reedición de las historias de la creación del *Génesis*. Desde el Mar Rojo, Israel emerge como una nueva nación (*Ex* 14, 26-29), tal como en *Génesis* el mundo emergió de las caóticas aguas primordiales (*Gn* 1, 1-2).

La confección de las vestiduras sacerdotales y la construcción del tabernáculo vuelven a recordar la narrativa de la creación. En ambos casos, el trabajo se realiza en siete etapas. En *Génesis*, estas están marcadas como siete días. En Éxodo, cada etapa está marcada por la frase «como el Señor había mandado a Moisés». Al final, Moisés, como Dios, contempla su obra y la bendice (*Ex* 39, 43). Así como Dios «terminó su obra» en la creación, Moisés «acabó la obra» en la Tienda del Encuentro (*Gn* 2, 1-2; *Ex* 40, 33).

Más adelante en el canon bíblico, los profetas leían la Torá de manera tipológica. Creían que los episodios históricos antiguos habían prefigurado eventos en su propio tiempo o en el futuro aún por venir. Veían los eventos redentores como una nueva creación, un nuevo éxodo y un nuevo reino[2].

Jesús creció con este método de interpretación de las Escrituras, y lo practicó a su vez, aunque con una diferencia: se sabía el cumplimiento de cada tipo y cada oráculo. Discernía tipos de sí mismo en la serpiente de bronce levantada por Moisés en el desierto (*Jn* 3, 14), en el Templo de Jerusalén (*Jn* 2, 19), en las tres noches de Jonás

---

[2] Scott HAHN, *Letter and Spirit: From Written Text to Living Word in the Liturgy*, Doubleday, Nueva York 2005, pp. 16-32; James M. HAMILTON, *Typology — Understanding the Bible's Promise-Shaped Patterns: How Old Testament Expectations Are Fulfilled in Christ*, Zondervan, Grand Rapids (MI) 2022.

en el vientre de la ballena (*Mt* 12, 40), y en muchos otros detalles del Antiguo Testamento. «Y, comenzando por Moisés y siguiendo por todos los profetas, les explicó lo que se refería a él en todas las Escrituras» (*Lc* 24, 27; cfr. también 18, 31; 24, 44).

Los cristianos siguieron el modelo del Maestro. Pablo afirma claramente: «Adán [...] era figura del que tenía que venir» (*Rom* 5, 14; cfr. también *1 Cor* 15, 22; 15, 45). También retrata a Jesús como «nuestra víctima pascual» (*1 Cor* 5, 7) y la roca que dio agua en el éxodo (*1 Cor* 10, 4). Pedro ve el bautismo como una antítesis del Diluvio (cfr. *1 P* 3, 21).

No debería sorprendernos, entonces, saber que Jesús se reconoció a sí mismo en los tipos de santidad del Antiguo Testamento. Reveló que era mayor que el sábado (*Mt* 12, 8), lo único declarado *santo* en todo el libro del *Génesis*. Reveló ser el cumplimiento de la ley de Moisés (*Mt* 5, 17), que era la medida de la santidad y también ser mayor que el Templo (*Mt* 12, 6), el lugar de santidad en el reino de David.

Pero la revelación más espectacular y comprimida de la santidad en el Antiguo Testamento está en la visión del profeta Isaías, que discutimos en el capítulo 6:

El año de la muerte del rey Ozías, vi al Señor sentado sobre un trono alto y excelso: la orla de su manto llenaba el templo. Junto a él estaban los serafines, cada uno con seis alas: con dos alas se cubrían el rostro, con dos el cuerpo, con dos volaban, y se gritaban uno a otro diciendo: «¡Santo, santo, santo es el Señor del universo, llena está la tierra de su gloria!» (*Is* 6, 1-3).

A menudo damos por supuesto que Isaías tuvo una visión parecida al palacio del rey de Judá. Como vio al Señor entronizado, nos imaginamos una habitación decorada con oro y joyas, con muebles magníficos y espléndidos revestimientos de paredes.

Isaías también evoca el Templo de Salomón, una de las maravillas arquitectónicas del mundo antiguo. Los hijos de Israel podían dar los detalles de sus recuerdos de peregrinaciones anuales: las columnas masivas incrustadas de piedras preciosas, la fachada cubierta con placas de oro sólido, las paredes blancas brillantes al sol, las imágenes tejidas de flora, fauna, estrellas y planetas, y las altas puertas abiertas para dar la bienvenida a los peregrinos mientras otras permanecían cerradas, imponentes.

Sin embargo, todas esas imágenes son equivocadas. La visión de Isaías no era el Templo de

Jerusalén, las acciones que presenció no correspondían a ningún evento terrenal. El Templo que vio estaba en el cielo, y la gloria tres veces santa que contempló era misteriosa. De hecho, sería indescifrable para nosotros si el evangelio no hubiera levantado su velo.

En el capítulo 12 del *evangelio de san Juan*, Jesús hace una proclamación sorprendente. Previendo su inminente pasión y muerte, dice: «Ahora va a ser juzgado el mundo; ahora el príncipe de este mundo va a ser echado fuera. Y cuando yo sea elevado sobre la tierra, atraeré a todos hacia mí» (*Jn* 12, 31-32). Inmediatamente después, Juan considera necesario aclarar esas palabras: «Esto lo decía dando a entender la muerte de que iba a morir» (*Jn* 12, 33). De lo contrario, sus lectores podrían haber malinterpretado «ser elevado» como «ser exaltado».

De hecho, los oyentes de Jesús no reconocieron que estaba hablando de su muerte. Un Cristo sufriente no encajaba en sus expectativas, y por eso rechazaron a Jesús.

Juan nota su incredulidad y la explica con dos citas del profeta Isaías. La primera es esta: «Señor, ¿quién ha creído nuestro anuncio? y ¿el brazo del Señor a quién ha sido revelado?» (*Jn* 12, 38; cfr. *Is* 53, 1). En otras palabras, si no creyeron a Isaías, ¿por qué deberíamos esperar que creyeran a Jesús? Juan añade inmediatamente otra cita, pero esta es de un pasaje anterior en el *libro de Isaías*: es la escena que sigue a la visión del Templo celestial. «Ha cegado sus ojos y ha endurecido sus corazones, para que no vean con sus ojos y entiendan en su corazón y se conviertan y yo los cure» (*Jn* 12, 40; cfr. *Is* 6, 9-10).

Y para que no nos despistemos, Juan agrega: «Esto dijo Isaías cuando vio su gloria y habló acerca de él» (*Jn* 12, 41).

El pasaje comienza con la predicción de Jesús de que pronto será «elevado» (*hypsōthēnai* en griego). En otras dos instancias en el *evangelio de Juan*, la misma expresión, «ser elevado», aparece como una descripción de la crucifixión de Jesús (*Jn* 3, 14; 8, 28).

Isaías emplea la misma frase, y curiosamente lo hace cerca del final de su libro, cuando retoma la gloriosa visión del Templo celestial. Dice: «Mirad, mi siervo tendrá éxito, subirá y crecerá mucho» (*Is* 52, 13)[3].

Con esas palabras termina el capítulo de Isaías. Pero Isaías no dividió su texto en capítulos. El texto al final del capítulo 52 debería ser continuo con

---

[3] El verbo traducido como «subir», en el texto original griego, es el mismo que en Juan 3, 14 y 8, 28 encontramos como «ser elevado».

los versículos al comienzo del capítulo 53, los versículos que hablan del *siervo doliente*:

> despreciado y evitado de los hombres,
> como un hombre de dolores,
> acostumbrado a sufrimientos,
> ante el cual se ocultaban los rostros,
> despreciado y desestimado.
> Él soportó nuestros sufrimientos
> y aguantó nuestros dolores;
> nosotros lo estimamos leproso,
> herido de Dios y humillado;
> pero él fue traspasado por nuestras rebeliones,
> triturado por nuestros crímenes.
> Nuestro castigo saludable cayó sobre él,
> sus cicatrices nos curaron (53, 3-5).

En el evangelio, Juan parece estar diciendo que la visión gloriosa de Isaías era una visión de Jesús. Vio al Señor, no solo en su gloria pre-encarnada, sino también en un momento específico del futuro. Unos setecientos años antes de la venida del Salvador, Isaías vislumbró al Señor «elevado» en la cruz[4].

---

[4] Aprendí esta interpretación del *evangelio de Juan* de mi profesor J. Ramsey MICHAELS: *The Gospel of John*, The New International Commentary on the New Testament, Eerdmans, Cambridge (Reino Unido) 2010, pp. 710-11:

Jesus hablaba a una multitud que venía con ciertos prejuicios sobre qué es la gloria. La asociaban con poder, riqueza, fuerza, fama y deslumbramiento. Al igual que los contemporáneos de Isaías, también los de Jesús estaban espiritualmente ciegos y endurecidos de corazón. Y al

---

«La afirmación sorprendente del autor del evangelio es que "el Señor", o "Señor de los ejércitos", en la visión de Isaías era el mismo Jesús, que la "gloria" que llenaba tanto "la casa" (o templo) como "toda la tierra" era la gloria de Jesús, y por tanto que cuando Isaías hablaba, estaba hablando de Jesús [...]. A simple vista, el comentario de que Isaías vio la gloria de Jesús y habló sobre él podría parecer referirse solo al segundo de los dos pasajes de Isaías [...]. Sin embargo, el plural, "estas cosas dijo Isaías", implica que también se está considerando la primera cita (v. 38)».

Más recientemente, esta hipótesis sorprendente ha sido demostrada de manera convincente por Daniel J. Scott Brensdel, *"Isaías Saw His Glory": The Use of Isaiah 52-53 in John 12*, Walter de Gruyter, Berlín/Boston: 2014. «El comentario de *Juan* 12, 41, por lo tanto, se basa en una subestructura exegética y teológica significativa. Inspirado por las múltiples conexiones entre *Isaías* 6 y 52-53, Juan ha producido algunas de las innovaciones cristológicas y de la historia de la salvación más dramáticas del Nuevo Testamento. Isaías dijo predijo "estas cosas" (tanto *Isaías* 53, 1 como *Isaías* 6, 10) porque fue testigo profético de una gloria que incorporaría tanto el rechazo como la muerte y revelaría a su poseedor como parte de la identidad del mismo Yahveh. Para Juan, "la muerte de Jesús es la teofanía definitiva"» (133).

igual que la palabra de Isaías fue despreciada por Israel, así Jesús sería rechazado por los judíos.

Como hemos visto, el profeta aclara al principio que su visión ocurrió «el año de la muerte del rey Ozías» (*Is* 6, 1). No estaba simplemente ubicando el evento para nosotros, estaba proporcionando contexto histórico. Ozías (también conocido como Azarías) fue un rey poderoso, amado por sus éxitos. «Hizo lo que es bueno a los ojos del Señor» (2 *Cr* 26, 4). Extendió el territorio del reino hasta donde nunca había llegado. Construyó un ejército potente, temido por los pueblos vecinos. «Su fama llegó hasta muy lejos, porque fue ayudado prodigiosamente hasta hacerse fuerte» (*2, Cr* 26, 15).

Pero la historia no termina ahí: «Al hacerse poderoso, se llenó de soberbia hasta pervertirse» (*2 Cr* 26, 16). Embriagado con su éxito, Ozías consideró que todo el poder era suyo. No contento con el papel de rey, se atribuyó a sí mismo la actividad sacrificial que solo pertenecía a los sacerdotes. Recordemos que entró en el Templo de Jerusalén con la intención de quemar incienso ante el altar, una acción que estaba prohibida por la ley de Moisés. Más de ochenta sacerdotes intentaron resistirlo, y esto enfureció al rey. Entonces, en medio de su furia, Dios lo golpeó con lepra y Ozías murió poco después.

Es entonces cuando Isaías tiene su visión. En el santuario del Templo celestial, no ve a un rey deshonrado, como Ozías, sino al verdadero rey en el trono; y el verdadero rey es también sacerdote. Es «elevado», ofreciéndose como víctima en un sacrificio una vez para siempre.

«Isaías vio su gloria». Desde los tiempos de la primitiva Iglesia, ese libro profético ha sido llamado el *quinto evangelio* ¿Por qué? Porque cientos de años antes de Cristo, Isaías vislumbró que la *señal* de la divinidad de Jesús sería una concepción y nacimiento virginales (*Is* 7, 14). También vio que el Redentor de Israel sería un siervo sufriente, «hombre de dolores, acostumbrado a sufrimientos, [...] traspasado por nuestras rebeliones, triturado por nuestros crímenes» (cfr. *Is* 53).

Isaías vio la gloria de Jesús, esto lo confirmó el mismo Jesús. Pero los serafines que proclamaban la santidad del Señor proclamaban al mismo tiempo a alguien «sin figura, sin belleza» (*Is* 53, 2).

Hasta la encarnación, hasta que la Palabra divina se hizo carne, la santidad no tenía un rostro en la tierra. Era una cualidad asociada con la presencia invisible de Dios. Pero en la persona de Jesucristo, la santidad es ahora visible, y los discípulos del Señor han «contemplado su gloria» (*Jn* 1, 14), como Isaías mucho antes.

A pesar de la humildad con que se presentó el Señor, Isaías se consideraba indigno de la visión. Era un hombre de labios impuros. Sin embargo, Dios es misericordioso, y dio a Isaías todo lo que necesitaba para soportar la visión y cumplir después con su misión.

Dios —la gloria, la santidad— había venido a Isaías como lo hace a menudo: bajo una apariencia inquietante.

Había precedentes para esto: el profeta Elías esperaba que el Señor viniera con poder (cfr. *1 R* 19). Un fuerte viento llegó y destrozó las montañas, haciendo pedazos las rocas; pero el Señor no estaba en el viento. Luego vino un terremoto, y causó su daño habitual; pero el Señor no estaba en el terremoto. Después del terremoto, se desató un fuego, pero el Señor no estaba en el fuego.

¿Cómo se apareció finalmente el Señor a Elías? En un silencio, una voz apacible, una brisa suave.

También Moisés había experimentado al Señor en poder: a través de las plagas en Egipto, luego los milagros en el desierto, y finalmente las terribles manifestaciones en la montaña. Pero la gran revelación de Moisés vino en el ofrecimiento de sí mismo, cuando pidió a Dios que tuviera misericordia de Israel y que el castigo cayera sobre él (*Ex* 33, 7-23; 34, 5-8).

Lo que Isaías vio —la cruz de Jesucristo— resultaría ser lo más vergonzoso del cristianismo. Era necedad para los gentiles y un escándalo para los judíos (*1 Cor* 1, 23). Era tan humillante que los primeros cristianos rara vez lo representaban en sus obras de arte. Hacerlo era invitar a la burla.

Y aún así fue (y aún es) la cima de la gloria. Es el sentido de todos los oráculos en el Antiguo Testamento. Es el cumplimiento de todos los tipos: los reyes, los sacerdotes y el poder.

Lo verdaderamente supremo en Dios, por lo tanto, no es su capacidad para dominar a las criaturas, sino más bien su amor dador de vida. La imagen terrena de la vida íntima de Dios es Jesucristo «elevado» en la cruz. Esta es la lógica inherente en el himno a Cristo en la *carta de san Pablo a los filipenses*. Aunque el Hijo era igual al Padre,

se despojó de sí mismo tomando la condición de esclavo, hecho semejante a los hombres. Y así, reconocido como hombre por su presencia, se humilló a sí mismo, hecho obediente hasta la muerte, y una muerte de cruz. Por eso Dios lo exaltó sobre todo y le concedió el Nombre-sobre-todo-nombre (*Fil* 2, 7-9).

La muerte de Jesús es la imagen temporal, en la historia, de la vida eterna de la Santísima Trinidad.

En la cruz, como en el cielo, el Hijo devolvió el regalo de amor del Padre, que era su propia vida. Nada menos que un amor semejante al de Dios podría haber cumplido la alianza (cfr. *Jn* 10, 17-28; *Rom* 8, 2-4).

Esta verdad hizo que san Agustín se maravillara: «Porque el Señor ha reinado desde la madera [...] Con su cruz ha vencido a los reyes, y fijada sobre sus frentes, cuando son vencidos, está esa misma cruz; y se glorían en ella, porque en ella está su salvación»[5].

---

[5] San Agustín, "Sermón 96 (95)", nr. 2, en *Obras completas*, BAC, Madrid 2018, vol. xxi.

11. SANTIDAD Y SACERDOCIO

Desde la creación de Adán, Dios ha elegido sacerdotes para delegarles el cuidado de su santidad. Así como el Todopoderoso estaba *apartado* en su santidad, también sus sacerdotes elegidos fueron apartados para su servicio.

A falta de una discusión sobre la santidad, la historia de la creación sí habla del sacerdocio, pero no podemos verlo a menos que sepamos qué es el sacerdocio, y cómo es la cultura religiosa hebrea.

¿Qué es el sacerdocio? Los católicos a menudo tienen una vaga definición, que suele ser incorrecta. Especialmente en países con gran influencia protestante, los católicos a veces piensan en su clero como una clase administrativa: piensan en los sacerdotes como funcionarios y tal vez también como predicadores y maestros. Pero ninguno de esos roles es esencial para el sacerdocio. En las Escrituras y en la historia cristiana, hay abundante evidencia de hombres que ocupaban el cargo sin cumplir ninguna de esas funciones.

Entonces, ¿qué es un sacerdote? ¿Qué es el sacerdocio?

En todas las religiones antiguas, el sacerdocio es un cargo sacrificial. Un sacerdote es alguien que sirve como mediador entre Dios y el hombre y ofrece sacrificios. Al cumplir este papel sacrificial, los sacerdotes sirven como «administradores de los misterios de Dios» (*1 Cor* 4, 1), atreviéndose a acercarse a lo Santo, a lo Otro, en nombre de otras personas o de la asamblea.

Los sacerdotes no siempre eran buenos o amables. A veces eran más pecadores que la congregación que representaban. Pero la bondad y la amabilidad no eran requisitos para el trabajo: la vocación y la ordenación sí lo eran. Dios los había apartado para que lo representaran a Él, que estaba apartado por su naturaleza divina.

Así, el encargo sacerdotal se distinguía por costumbres y rituales particulares. Había, por ejemplo, formas particulares de hablar sobre el trabajo de los sacerdotes. Se aplicaban metáforas tradicionales a sus tareas. En muchos lugares, la descripción incluía los verbos hebreos *'abad* y *shamar*: «Cultivar, trabajar» y «guardar». Un sacerdote era alguien que trabajaba para el Santo y lo protegía. Solo los sacerdotes podían acercarse al Arca de la

Alianza, cuidarla, ofrecer sacrificios en su proximidad y mantener el santuario libre de profanación.

Pero, ¿cómo comenzó este uso? ¿Dónde en el canon bíblico aparecen por primera vez estos dos verbos juntos? Es en *Génesis* 2, 15, donde se habla del significado y propósito de la vida de Adán. Se nos dice que «el Señor Dios tomó al hombre y lo colocó en el jardín de Edén, para que lo guardara y lo cultivara». «Guardar» y «cultivar» son verbos cotidianos. Individualmente, aparecen en muchos contextos, pero juntos siempre denotan sacerdocio.

El *Génesis* presenta a Adán como sacerdote desde el momento de la creación. Fue creado para una tarea y ordenado a ella. Lo que nos parece ordinario —someter la tierra y ejercer dominio sobre los animales (cfr. *Gn* 1, 28)— debía ser un contacto constante con la santidad.

Adán era un sacerdote, fue creado para la comunión con Dios, designado como mediador entre la creación (aquello que es como Adán) y el Creador, (que es completamente otro). Adán no fue solo el primer hombre; también fue el sumo sacerdote de la humanidad[1].

---

[1] Cfr. John BERGSMA, *Jesus and the Old Testament Roots of the Priesthood*, Emmaus Road Publishing, Steubenville (OH) 2012, pp. 8-28.

Cuando Adán peca, es destituido. Es expulsado del santuario del jardín y se vuelve ineficaz en asuntos sobrenaturales y divinos. Sin embargo, en las generaciones que siguen vemos cierto esfuerzo por recuperar las tareas sacerdotales de la humanidad. Caín y Abel ofrecen sacrificios, y el Señor acepta el de Abel, apartándose de su hermano. También Enoc «siguió los caminos del Señor» (*Gn* 5, 22; 24)

Aunque en el Éxodo las doce tribus de Israel fueron consagradas para convertirse en «un reino de sacerdotes» (*Ex* 19, 6), cayeron igualmente, una y otra vez, en la idolatría y fueron destituidas. Así fue como una sola tribu, la de Leví, fue apartada para el servicio santo de Dios (*Ex* 32, 28-29; *Nm* 4, 44-45). Al final, solo quedaba una familia dentro de esa tribu que fuera apta para el sumo sacerdocio. Las cosas no iban bien.

Los profetas del Antiguo Testamento coinciden con los apóstoles del Nuevo Testamento al hablar del fracaso del culto sacrificial de Israel. San Pedro habló de la ley ceremonial en términos impactantes como «un yugo que ni nosotros ni nuestros padres hemos podido soportar» (*Hch* 15, 10). «Porque es imposible que la sangre de los toros y de los machos cabríos quite los pecados» (*Heb* 10, 4) y «todo sacerdote ejerce su ministerio diariamente ofreciendo muchas veces los mismos sacrificios, porque de ningún modo pueden borrar los pecados» (*Heb* 10, 11).

El culto sacrificial del Antiguo Testamento parece casi diseñado para fracasar, porque dependía de sacerdotes humanos que eran invariablemente débiles y pecaban. Los esfuerzos humanos carecían del poder necesario para restaurar el oficio original de la humanidad, incluso cuando Dios daba instrucciones explícitas para hacerlo.

Solo en Cristo, el Nuevo Adán, se restauraría el sacerdocio para el pueblo santo, un pueblo que, por la gracia, comparte la naturaleza divina (*2 P* 1, 4). De este hecho surge la antigua doctrina cristiana del *sacerdocio común*, el sacerdocio compartido por todos los que creen en Jesucristo y son bautizados.

Pero ¿cuál es exactamente la labor de ese sacerdocio original? Si Adán era un sacerdote, entonces su tarea era ofrecer sacrificios. ¿Qué ofreció él? Las acciones rituales están claramente descritas en los capítulos posteriores del *Génesis*: Abel ofrece un cordero, y Melquisedec presenta pan y vino como su oblación. Pero la tierra no tiene altar en la época de Adán, y nunca lo vemos encender un fuego o levantar un don. ¿Qué tipo de sacerdote era él, incluso antes de la Caída? ¿Dónde estaba su ofrenda?

Dios encargó a Adán entregar la tierra entera como ofrenda sacerdotal. Esa es la razón principal por la que el primer hombre recibió dominio sobre la creación. Debía cultivarla y guardarla, trabajarla y protegerla, *'abad* y *shamar*. A través de su oración y trabajo, Adán debía consagrar el mundo a Dios. Toda su vida debía ser un don sacrificial.

Adán falló, y también todos los sacerdotes después de él. La salvación —y la plenitud humana, según el plan y propósito de Dios— solo podía lograrse mediante el sacrificio del Nuevo Adán.

En su sagrada pasión, Jesús se entregó y no retuvo nada. Estaba libre de pecado, así que fue el sacerdote perfecto y la víctima perfecta. Cuando ofreció su cuerpo y sangre en la Última Cena, usó un lenguaje que sus discípulos reconocieron como sacerdotal y sacrificial. Su oblación se consumó en su muerte en la cruz. Mientras caminaba hacia su crucifixión, llevaba una túnica sin costura (cfr. *Jn* 19, 23), una vestimenta inusual, asociada solo con los sacerdotes del Templo de Jerusalén.

Jesús no tenía ninguna de las credenciales que cualificaban a un hombre para el sacerdocio de Israel. No provenía de la familia de Aarón, ni se identificaba con la tribu de Leví, sino con Judá. Sin embargo, hablaba y actuaba como sacerdote y sus seguidores repetidamente le atribuyen un sacerdocio que no solo es supremo sino también eterno. El oficio de sumo sacerdote de Jesucristo es el tema dominante de la *carta a los hebreos* (cfr. por ejemplo *Heb* 2, 17; 3, 1; 4, 14-15; 5, 1).

El autor de *Hebreos* dice que «todo sumo sacerdote está puesto para ofrecer dones y sacrificios; de ahí la necesidad de que también Jesús tenga algo que ofrecer» (8, 3). De hecho, Cristo ascendió al cielo igual que los sumos sacerdotes de la Antigua Alianza ascendían al Monte del Templo, y luego al Templo, al santuario, y al sanctasanctórum. Entró en el santuario del cielo, no brevemente, como lo hacía el sumo sacerdote en el Yom Kippur, sino eternamente, y no entró con la sangre de animales, sino con su propia sangre, su propio cuerpo.

Su ofrenda sacerdotal, según el Nuevo Testamento, es un sacrificio de una vez por todas (*Rom* 6, 10; *Heb* 7, 27; *Heb* 10, 10). Sin embargo, Cristo no hace el sacrificio solo. Lo hace con todos aquellos que constituyen su Cuerpo, con toda su Iglesia, porque todos los miembros de la Iglesia comparten el sacerdocio de Cristo. Jesús ha restaurado el sacerdocio de Adán, y los cristianos están capacitados por el bautismo para ejercer ese sacerdocio.

Pedro deja esto claro en sus epístolas. Abre su primera carta con una reflexión sobre la vocación, dirigiéndose «a los elegidos, [...] conforme al previo conocimiento de Dios Padre, mediante la santificación con el Espíritu» (*1 P* 1, 1-2). No está hablando con los líderes de la Iglesia, sino con congregaciones enteras «en el Ponto, Galacia, Capadocia, Asia y Bitinia» (*1 P* 1, 1). Les dice que son parte de «un sacerdocio santo, a fin de ofrecer sacrificios espirituales agradables a Dios por medio de Jesucristo» (2, 5). Continúa haciéndose eco de las frases del *libro del Éxodo*, llamando a estos primeros cristianos «un linaje elegido, un sacerdocio real, una nación santa, un pueblo adquirido por Dios» (2, 9).

A nosotros, que leemos estas misivas dos mil años después de su envío, nos puede parecer que Pedro está diciendo lo obvio. Pero para los lectores y oyentes del primer siglo, cada palabra les parecería revolucionaria. Tanto judíos como gentiles se habrían sorprendido al escuchar a alguien de raza judía decir que los no judíos pertenecían a «un linaje elegido» y «un pueblo adquirido por Dios» Para los judíos, esto constituía su propia identidad, y los gentiles eran muy conscientes de eso. Los judíos que no eran levitas también se habrían sorprendido al escuchar que se dirigían a ellos, más de una vez, como miembros de un «sacerdocio».

Sin embargo, eso es precisamente lo que Pedro, como primer papa, estaba declarando infaliblemente. Y no era el único en afirmarlo. El lenguaje sacerdotal también impregna otras escrituras apostólicas; aunque al leerlas con mentalidad moderna lo podamos pasar por alto. Para los antiguos, términos como *templo*, *altar* y *sacrificio* evocaban la actividad de los sacerdotes. Un templo no era un santuario; no era un lugar donde uno iba simplemente a sentarse y rezar. Los que iban a un templo iban a ofrecer un sacrificio o a participar en uno. Por lo general, había mucha sangre. El sacrificio aún no había alcanzado su estatus de metáfora. Hoy hablamos de sacrificio cuando renunciamos a un tercer trozo de chocolate. Para los antiguos, solía implicar la matanza de un animal cautivo. Un sacerdote tenía que luchar con su ofrenda, que a menudo se resistía.

Deberíamos intentar, en la medida que podamos, entrar en ese mundo cuando leemos las palabras de san Pablo. Él escribió a los romanos: «Os exhorto, pues, hermanos, por la misericordia de Dios, a que presentéis vuestros cuerpos como sacrificio vivo, santo, agradable a Dios; este es vuestro culto espiritual» (*Rom* 12, 1). Les está pidiendo que sean verdaderos sacerdotes (como se suponía que debía ser Adán) y presenten sus vidas como ofrenda. Es interesante notar que muchos en la congregación que recibió estas palabras morirían mártires unos pocos años después, durante la primera persecución romana.

Pablo insta a sus oyentes a imitar a Cristo, que fue tanto sacerdote como víctima. También les dijo a los efesios que vivieran en el amor «como Cristo os amó y se entregó por nosotros a Dios como oblación y víctima de suave olor» (*Ef* 5, 2). Una vez más, su propia vida debía ser su ofrenda sacerdotal. Cuando estos cristianos lejanos enviaron regalos a Pablo, él los recibió, de hecho, como si hubieran sido dados a Dios en sacrificio. «Estoy plenamente satisfecho habiendo recibido de Epafrodito vuestro donativo, que es suave olor, sacrificio aceptable y grato a Dios» (*Fil* 4, 18).

Este ofrecer toda la vida era la obra sacerdotal de todos los miembros de la Iglesia. Sin embargo, no excluyen la necesidad de ministros ordenados. De hecho, Pablo sabía que él tenía esa misión. Hablaba de sí mismo como «ministro de Cristo Jesús para con los gentiles, ejerciendo el oficio sagrado del Evangelio de Dios» (*Rom* 15, 16; cfr. también *1 Cor* 9, 13-14). En el griego original, las frases están cargadas de significado litúrgico. Como sabemos por *Hechos* 20 y *1 Corintios* 11, Pablo era un hombre que presidía la liturgia de la Iglesia, en «la fracción del pan». Aunque confesaba que era un pecador, aunque era un hombre humilde y autocrítico, sabía que había recibido autoridad por la imposición de manos (*Hch* 13, 3), un rito mediante el cual también podía conferir autoridad a otros (*2 Tim* 1, 6).

Dentro de la Iglesia primitiva, algunos servían a Cristo como sus *ministros*. Ocupaban un cargo público y sacramental, y se configuraban al Señor de un modo especial. Actuaban, según san Pablo, *en la persona de Cristo —en prosopo Christou*, en el griego original de *2 Corintios* 2, 10. Y para esta tarea, esos antiguos presbíteros recibieron poder a través del sacramento del Orden. El sacerdocio común, sin embargo, era compartido por todos y recibido en el bautismo.

La doctrina de Pablo es implícita pero consistente y coherente. Cristo hace su ofrenda sacerdotal en el cielo, pero esta se extiende a la Iglesia en la tierra —por el Espíritu— a través de la jerarquía ministerial. A la vez, su pueblo sacerdotal ofrece sus propias oraciones y obras en unión con el sacrificio celestial-terrenal, y así extiende la santidad de Dios al mundo.

El *libro del Apocalipsis* emplea imágenes vibrantes para representar este intercambio de santidad entre el cielo y la tierra. En sus versículos iniciales, san Juan revela a Jesús como aquel «que nos ama, y nos ha librado de nuestros pecados con su sangre, y nos ha hecho reino y sacerdotes para Dios, su Padre» (*Ap* 1, 5-6). Al igual que Pedro, Juan recuerda el lenguaje del Éxodo, con su reino de sacerdotes.

También como Pedro, Juan enfatiza que el nuevo pueblo de Dios no es solo Israel, como en tiempos anteriores, sino que ahora son elegidos «de toda tribu, lengua, pueblo y nación»; Jesús ha «hecho de ellos para nuestro Dios un reino de sacerdotes» (*Ap* 5, 9-10).

En sus visiones, Juan vio a los elegidos vestidos con túnicas sacerdotales, cumpliendo roles sacerdotales. Los llamó «los santos» y nos transmitió que sus oraciones se elevaban desde un altar junto con el humo del incienso (*Ap* 8, 3-4). Eran los bautizados, que compartían la resurrección de Cristo, y la muerte no tenía poder sobre ellos. Concluyó: «Serán sacerdotes de Dios y de Cristo y reinarán con él mil años» (*Ap* 20, 6).

La doctrina que encontramos en el Nuevo Testamento ha sido desarrollada, a lo largo de los siglos, por la autoridad de la Iglesia católica. Lo que a veces era implícito en Pedro, Pablo y Juan, ahora es explícito en el *Catecismo de la Iglesia Católica*. Allí leemos: «La Iglesia entera es un pueblo sacerdotal. Por el Bautismo, todos los fieles participan del sacerdocio de Cristo. Esta participación se llama "sacerdocio común de los fieles"» (§1591). Breve y claro.

Pero la doctrina encuentra su expresión más hermosa, en mi opinión, en las palabras de la *Lumen Gentium*, la constitución dogmática sobre la Iglesia del Concilio Vaticano II. Concluimos este capítulo con ese pasaje, para retomarlo en el próximo capítulo:

> Dado que Cristo Jesús, supremo y eterno Sacerdote, quiere continuar su testimonio y su servicio por medio de los laicos, los vivifica con su Espíritu y los impulsa sin cesar a toda obra buena y perfecta.
>
> Pues a quienes asocia íntimamente a su vida y a su misión, también les hace partícipes de su oficio sacerdotal con el fin de que ejerzan el culto espiritual para gloria de Dios y salvación de los hombres. Por lo cual los laicos, en cuanto consagrados a Cristo y ungidos por el Espíritu Santo, son admirablemente llamados y dotados, para que en ellos se produzcan siempre los más ubérrimos frutos del Espíritu. Pues todas sus obras, sus oraciones e iniciativas apostólicas, la vida conyugal y familiar, el cotidiano trabajo, el descanso de alma y de cuerpo, si son hechos en el Espíritu, e incluso las mismas pruebas de la

vida si se sobrellevan pacientemente, se convierten en sacrificios espirituales, aceptables a Dios por Jesucristo (cfr. *1 P* 2, 5), que en la celebración de la Eucaristía se ofrecen piadosísimamente al Padre junto con la oblación del cuerpo del Señor. De este modo, también los laicos, como adoradores que en todo lugar actúan santamente, consagran el mundo mismo a Dios[2].

---

[2] Concilio Vaticano II, Constitución dogmática *Lumen Gentium*, 1964, §34.

12. SANTIDAD EN *HEBREOS*

E<small>N EL TERCER CAPÍTULO</small> vimos la repentina explosión del término «santidad» que se da al pasar del *libro del Génesis* al *libro del Éxodo*. Algo similar sucede en el Nuevo Testamento con la *carta a los hebreos*.

Hay un aumento notable del lenguaje sobre la santidad, pero con una diferencia: Ahora, la santidad puede aplicarse a individuos que comparten el vínculo de la Nueva Alianza: se aplica a los miembros de la Iglesia. Ellos son «hermanos santos» (*Heb* 3, 1). Ahora, las criaturas comunes, como tú y yo, pueden participar de la santidad de Dios (cfr. *Heb* 12, 10). Los miembros de la Iglesia reciben la santidad como una gracia, un regalo; sin embargo, deben corresponder a la gracia de manera activa y voluntaria: «Buscad [...] la santificación, sin la cual nadie verá al Señor» (*Heb* 12, 14).

La *carta a los hebreos* habla de los santos como habían sido profetizados en el *libro de Daniel* y serán revelados después en el *libro del Apocalipsis*. En esta vida son «la asamblea festiva de los primogénitos inscritos en el cielo» en la vida futura serán «las almas de los justos que han llegado a la perfección» (*Heb* 12, 23).

La carta resuelve un enigma pendiente sobre el pasaje del *libro de Isaías*: ¿Dónde estaba el profeta cuando contempló a los serafines cantando «Santo, santo, santo»? Parece indicar que estaba en el sanctasanctórum en el Templo (cfr. *Is* 6, 1), en Jerusalén. Sin embargo, el sanctasanctórum estaba fuera de su alcance, era accesible solo para el sumo sacerdote. Además, Isaías vio cosas que nadie en el Templo, ni siquiera el sumo sacerdote, había visto nunca. Vio el trono de Dios, vio serafines reales, no en imágenes representativas.

La respuesta está implícita en los libros del Antiguo Testamento, pero se hace explícita en la *carta a los hebreos*. El *libro del Éxodo* nos dice que Moisés construyó su lugar santo terrenal «conforme al modelo [...] mostrado en la montaña» (*Ex* 25, 40; 26, 30). De manera similar, David diseñó el Templo de Jerusalén basado en un prototipo celestial (*1 Cr* 28, 19). Así, el pueblo de la alianza adoraba a Dios imitando a los ángeles en el cielo. La liturgia terrenal en el tabernáculo (y más tarde en el Templo) era una imitación divinamente inspirada de la liturgia angélica.

La *carta a los hebreos*, sin embargo, describe cómo Cristo, el sumo sacerdote (7, 26), ha cambiado todo con su ascensión. Ha entrado en el santuario celestial con su carne y su sangre, y ha presentado su carne y su sangre como ofrenda perfecta. Solo él, como verdadero sumo sacerdote, podría haber entrado en el sanctasanctórum celestial, y al hacerlo, ha unido los santuarios. Ahora, ya no es que el pueblo de la alianza adore imitando al cielo: adoran unidos a los ángeles del cielo.

El texto reconoce que había un lugar santo en la tierra (*Heb* 9, 2) y otro en el cielo (*Heb* 9, 12). Pero «era necesario que todas estas cosas, que son figura de las realidades celestes, se purificaran con tales ritos» (9, 23), con los ritos del Misterio Pascual de Cristo: su pasión, muerte, resurrección y ascensión. Bajo el sumo sacerdocio de Jesús, venido del cielo, el santuario terrenal quedó obsoleto. A partir de entonces, el cielo y la tierra asistirían juntos al sacrificio de Jesucristo, presente eternamente en el cielo y representado litúrgicamente en la Iglesia, en la Eucaristía. «Con una sola ofrenda ha perfeccionado definitivamente a los que van siendo santificados» (*Heb* 10, 14).

Dado que el autor de *Hebreos* (al igual que el del Éxodo) se preocupa por la santidad, debe centrarse en el sacerdocio. Tanto en el Antiguo Testamento como en el Nuevo, las cosas santas se confían al cuidado de los sacerdotes. En Cristo vemos continuidad con las nociones de sacerdocio del Antiguo Testamento, pero vemos también discontinuidad. Por lo tanto, la carta presenta una reconsideración de los oficios sacrificiales. «Porque cambiar el sacerdocio implica forzosamente cambiar la ley» (*Heb* 7, 12).

No es que el oficio sacerdotal se aboliera en la Nueva Alianza. Más bien, el sacerdocio de Cristo se comparte entre los hermanos santificados de Cristo (cfr. *Heb* 2, 11). También aquellos que comparten el sacerdocio común tienen ahora «libertad para entrar en el santuario, en virtud de la sangre de Jesús» (*Heb* 10, 19). Ahora todos pueden hacer más de lo que los sumos sacerdotes hacían antiguamente: pueden acercarse para ver lo que Isaías vio en el lugar santo celestial.

Debemos reconocer, sin embargo, que en tiempos modernos hay cristianos que no leen la *carta a los hebreos* como lo hacían hace siglos.

A mediados del siglo xx, el erudito evangélico F. F. Bruce declaró que la *carta a los hebreos* era de «los libros más difíciles del Nuevo Testamento». En busca de un principio unificador, se centró en lo que llamó la «interioridad de la religión auténtica».

Según Bruce, la verdadera religión, como se presenta en *Hebreos*, no solo es *no*-litúrgica: es *anti*-litúrgica. Afirmó que «la verdadera religión o adoración de Dios no está ligada a ninguna manifestación externa, de ningún tipo»[1]. Otro erudito evangélico, Ronald Williamson, tomó la afirmación de Bruce y la convirtió en un razonamiento. Según él, en *Hebreos* no hay ninguna alusión eucarística[2]. La prueba era que en *Hebreos* no hay ninguna mención explícita del rito eucarístico.

Yo propondría, en cambio, que la Eucaristía está implícita en todo el texto. Como Stephen Fahrig demostró recientemente, *Hebreos* se lee mejor como una «homilía eucarística», proclamada originalmente a una asamblea de creyentes de la Nueva Alianza[3]. Este es su contexto más probable, lo que los académicos llaman el *Sitz im Leben*[4]. La Eucaristía proporciona el único contexto que haría que el texto fuera inteligible

---

[1] F. F. BRUCE, *Epistle to the Hebrews*, Eerdmans, Grand Rapids (MI) 1990, XI-XII.

[2] R. WILLIAMSON, "The Eucharist and the Epistle to the Hebrews", *New Testament Studies* 21, 1975, pp. 300-312.

[3] Stephen D. FAHRING, "The Context of the Text: Reading Hebrews as a Eucharistic Homily", tesis doctoral sin publicar, Boston College 2014.

[4] *Sitz im Leben*, literalmente "posición en la vida", hace referencia al contexto en el que se origina un texto, y que

para sus primeros lectores, por no hablar de los lectores contemporáneos.

No estoy solo al defender esto. En su monumental obra *The New Testament and the People of God*, N. T. Wright señala lo generalizada y central que era la Eucaristía (así como el bautismo) en la Iglesia primitiva:

> Es evidente, sorprendentemente, que estas dos formas básicas de praxis cristiana se daban por sentadas ya en los años 50 del primer siglo. Pablo escribe sobre el bautismo como un hecho del cual se extraen conclusiones teológicas (cfr. *Rom* 6, 3-11). Describir, o alude, a la Eucaristía de manera similar (*1 Cor* 10, 15-22), dando por sentado que la iglesia de Corinto se reúne regularmente para participar de la Cena del Señor, y pasando directamente a aclarar lo que es apropiado hacer y lo que no[5].

En el lenguaje de Hebreos, aquellos neófitos cristianos fueron «iluminados» por las abluciones cristianas y «gustaron el don celeste» (cfr. *Heb* 6, 4). «No eran acciones extrañas que algunos cristianos

---

por tanto hay que tener en cuenta a la hora de estudiarlo (n. de la t.).

[5] N. T. Wright, *The New Testament and the People of God*, Fortress Press, Minneapolis (MN) 1992, p. 362.

realizaban en ocasiones, sino actos rituales que se sobreentendían, eran parte de la praxis que constituía la cosmovisión cristiana temprana»[6].

La cosmovisión que evoca Wright es la única que hace posible entender *Hebreos*. El texto presenta la visión coherente y completa de un nuevo y eterno pacto que es esencialmente cultual: esencialmente litúrgico y sacrificial. Sin embargo, Wright también observa una omisión bastante evidente en esta cosmovisión cultual: «Entre las características llamativas de la praxis cristiana temprana debe contarse una cosa que los primeros cristianos no hicieron. A diferencia de todas las demás religiones conocidas en el mundo hasta ese momento, los cristianos no ofrecían sacrificios animales»[7]. Es precisamente esa novedosa cosmovisión, centrada en el culto, lo que uno descubre haciendo una lectura eucarística de la Nueva Alianza en *Hebreos*, tanto entonces como ahora.

La palabra «Eucaristía» no aparece en *Hebreos*, ni tampoco términos análogos como «partir el pan». Hay sin embargo una preponderancia de imágenes normalmente asociadas con la liturgia cristiana primitiva:

---

[6] Ibídem.

[7] N. T. WRIGHT, *The New Testament and the People of God*, p. 363.

En primer lugar, la asamblea está compuesta por «quienes fueron iluminados de una vez para siempre, *gustaron el don celeste*» (*Heb* 6, 4).

Más adelante leemos que todos en la congregación son «santificados por la oblación del *cuerpo* de Jesucristo, hecha una vez para siempre» (*Heb* 10, 10).

En tercer lugar, la asamblea ha llegado a experimentar «una *sangre* que habla mejor que la de Abel» (*Heb* 12, 24).

Además, el autor afirma con confianza que la asamblea cristiana tiene «*un altar* del que no tienen derecho a comer los que dan culto en el tabernáculo» (*Heb* 13, 10).

Por otro lado, la celebración es compartida no solo entre los cristianos en la tierra, sino también entre «miríadas de ángeles» y «la asamblea festiva de los primogénitos inscritos en el cielo, las almas de los justos que han llegado a la perfección» (*Heb* 12, 22-23). El texto describe una escatología realizada en un entorno cultual, una liturgia que es simultáneamente celestial y terrenal, y para el cristianismo primitivo esto significaba la Eucaristía.

Hebreos también se basa en la tipología eucarística[8] que se convertiría en algo común en los primeros comentarios cristianos, el arte y

---

[8] Scott W. Hahn, *Un padre fiel a sus promesas*.

la poesía litúrgica. El autor evoca la ofrenda de Abel, la bendición sacerdotal de Melquisedec y el juramento de Dios de bendecir a Abraham después de que este ofrezca a Isaac.

Estos factores apuntan a la Eucaristía como una clave interpretativa para leer la homilía conocida como *carta a los hebreos*.

Sin embargo, Bruce y Williamson (entre otros) podrían argumentar que el significado eucarístico de cada uno de estos detalles es discutible. Lo que no puede discutirse, en cambio, es el tema principal de la *carta a los hebreos*. Lo que se invoca con más frecuencia en el texto es la alianza, y específicamente la Nueva Alianza. Esto es también, por sí mismo, evidencia a favor de una lectura eucarística de *Hebreos*. El autor presenta a Jesús como mediador de una nueva alianza, una alianza mejor, establecida igual que la antigua, por la aspersión ritual de la sangre. Como sumo sacerdote de este pacto, Jesús ofrece su cuerpo y sangre como sacrificio, una ofrenda perpetua de sí mismo, en nuestro nombre, de una vez por todas. Su efecto es nada menos que «salvación eterna» (*Heb* 5, 9), «liberación eterna» (*Heb* 9, 12), «en virtud de la sangre de la alianza eterna» (*Heb* 13, 20).

La Eucaristía puede ser el tema *implícito* de *Hebreos*, aunque el término nunca sea usado por el autor, como tampoco es usado por Jesús. De hecho, el término «eucaristía» surge solo a finales del primer siglo (en la *Didaché* y en las cartas de san Ignacio de Antioquía). Antes de eso, lo que llegaría a llamarse eucaristía es lo que Jesús validó originalmente como «la nueva alianza» (*Lc* 22, 20; *1 Cor* 11, 25), o la «la sangre de la alianza» (*Mt* 26, 28; *Mc* 14, 24), términos que son bastante familiares para el autor de *Hebreos*.

Es importante señalar que *Hebreos* pone un énfasis poco común en el concepto de «alianza». De todas las veces que la palabra *diatheke* aparece en el Nuevo Testamento, más de la mitad se dan en *Hebreos* (17 de 33). Del mismo modo, de las seis referencias en el Nuevo Testamento a una «alianza nueva», cuatro ocurren en *Hebreos* (8, 8; 8, 13; 9, 15; 12, 24). *Hebreos* también es único en el énfasis que pone en la alianza como una institución litúrgica. Este énfasis puede iluminar el significado del sacrificio de la Nueva Alianza de Jesús en *Hebreos*, así como la teología de la expiación del autor.

En el antiguo Israel, el establecimiento de pactos, así como su renovación, consistía fundamentalmente en una liturgia: palabras rituales y acciones sacrificiales realizadas en presencia de Dios. Esta dimensión litúrgica de la realización de la alianza aparece con frecuencia en el Antiguo Testamento, donde los sacerdotes y levitas eran mediadores de la alianza en nombre de Dios (cfr. *Num* 6, 22-27). Reflexionando sobre las tradiciones del Antiguo Testamento acerca de la alianza, el autor de *Hebreos*, sin olvidar la dimensión legal, sitúa en primer plano lo litúrgico (o cultual). La mediación de ambas alianzas es principalmente cultual, el ámbito sagrado de la liturgia[9].

Esto es más evidente en los capítulos 8 y 9 de *Hebreos*, donde el autor contrasta dos sistemas de alianza: la Antigua (8, 3-9, 10) y la Nueva (9, 11-28). Ambas tienen un culto que incluye a un sumo sacerdote (8, 1-3; 9, 7-11; 9, 25) o celebrante (8, 2-6) que realiza el ministerio (8, 5; 9, 1-6) en un santuario (dentro de una tienda) (8, 2-5; 9, 2-3, 6-8, 11, 21), entrando en un lugar santo (8, 2; 9, 2-3, 12, 24) para ofrecer (8, 3; 9, 7, 14 y 28) la sangre (9, 7, 12, 14, 18-23, 25) de sacrificios (8, 3-4; 9, 9, 23, 26), lo cual efectúa la purificación (9, 13, 14, 22-23) y redención (9, 12; 9, 15) de los adoradores (8, 10; 9, 7-9; 9, 14) que han transgredido la ley cultual (8,

---

[9] Scott W. HAHN, "From Old to New: 'Covenant' or 'Testament' in Hebrews 9?" *Letter & Spirit* 8, 2013, pp. 13-34.

4; 9, 19)[10]. La mediación de ambas alianzas es principalmente cultual, el ámbito sagrado de la liturgia[11].

Fuera de la *carta a los hebreos*, la palabra «alianza» es, como decíamos, poco usada, y menos aún «nueva alianza». En todo lo que Jesús dijo, encontramos un solo caso en que usa la palabra, y la usa para describir un acto litúrgico específico. Pablo proporciona el registro histórico más temprano del evento en su *primera carta a los corintios*: «Lo mismo hizo con el cáliz, después de cenar, diciendo: "Este cáliz es *la nueva alianza* en mi sangre; haced esto cada vez que lo bebáis, en memoria mía"» (*1 Cor* 11, 25; cfr. también *Lc* 22, 20). Para Pablo (y Lucas), Jesús ratifica explícitamente lo que llama la «nueva alianza» al instituir lo que otros llamarán más tarde la Eucaristía; también ordena a los apóstoles hacer lo mismo en su memoria.

---

[10] Cfr. William L. Lane, *Hebrews 9-13*, Word Biblical Commentary 47b, Word, Dallas 1991, p. 235: «La esencia de las dos alianzas se encuentra en sus aspectos cultuales: todo su razonamiento se desarrolla en términos de culto [...]. El intérprete debe mantenerse abierto a la lógica interna del razonamiento cultual».

[11] Scott W. Hahn, "From Old to New: 'Covenant' or 'Testament' in Hebrews 9?", pp. 13-34.

Relacionado, pero ligeramente diferente, Mateo y Marcos muestran a Jesús usando lenguaje sacrificial en sus textos de la institución: «Esta es mi sangre de la alianza, que es derramada por muchos para el perdón de los pecados» (*Mt* 26, 28; cfr. también *Mc* 14, 24). Con estos términos cultuales explícitos, Jesús inicia la ofrenda sacrificial que consumará en el Calvario y ofrecerá continuamente en el cielo, como «sacerdote para siempre» (*Heb* 5, 6).

La muerte de Jesús fue claramente una parte esencial de su sacrificio de una vez por todas, el singular e irrepetible sacrificio de la Nueva Alianza. Todos los cristianos de todas las épocas están de acuerdo en este punto. Pero puede ser útil preguntarnos, ¿cómo se llegó a este consenso? ¿Qué hizo que la crucifixión de Jesús fuera un sacrificio?

Para aquellos formados por milenios de tradición cristiana, la idea parece obvia, pero para un judío del primer siglo habría sido impensable. El sacrificio estaba permitido en un solo lugar: la ciudad santa de Jerusalén, dentro del Templo sagrado, sobre el altar santo del sacrificio. Sin embargo, Jesús fue crucificado fuera de los muros de la ciudad, a una buena distancia del Templo, sin que se viera ningún altar. Para el observador más atento, el sufrimiento y la muerte de Jesús habrían parecido un evento profano, otra brutal ejecución romana. Los seguidores de Jesús podrían haber juzgado esta muerte como un acto de martirio (como las muertes de los siete hermanos relatadas en *2 Mac* 7), pero no como un sacrificio.

Hace algunos años, Joseph Ratzinger (el futuro papa Benedicto XVI) hizo una observación similar:

> ¿Cómo podría interpretarse la cruz de Jesús de tal forma que se viera como la realización de lo que se había pretendido en los cultos del mundo, y especialmente del Antiguo Testamento [...] y nunca se había llegado a lograr realmente? ¿Qué posibilitó, en suma, una transformación espiritual tan enorme de este acontecimiento, que hizo que este, en apariencia, hecho profano por excelencia se convirtiera en la suma de toda la teología cultual veterotestamentaria?[12]

Lo que convirtió la muerte de Jesús en el Calvario en un sacrificio fue la Eucaristía que estableció unas horas antes en el cenáculo, en términos explícitamente sacrificiales, precisamente ratificando la Nueva Alianza e instituyendo la Eucaristía

---

[12] Joseph RATZINGER, *Convocados en el camino de la Fe*, Ediciones Cristiandad, Madrid 2004, pp. 101-102.

con sus discípulos. Allí hizo una ofrenda de «cuerpo» y «sangre». Lo declaró como su «memorial» (en griego *anamnesis*, en hebreo *zikkaron*), un término asociado con la liturgia sacrificial del Templo. E identificó su acción en términos de categorías proféticas, más explícitamente la «alianza nueva» del oráculo de Jeremías (*Jer* 31, 31).

Para Ratzinger, este detalle del registro bíblico es la clave de la teología de la Eucaristía de la Iglesia:

> La *interpretación de la muerte de Cristo en la cruz con categorías cultuales* [...] constituye *el presupuesto interno de toda teología eucarística* [...] Un suceso en sí mismo profano, la ejecución de un hombre de la manera más cruel de todas las posibles, es descrito como liturgia cósmica, como el abrirse del cielo cerrado, como el acontecimiento en el que aquello que, definitivamente y en vano, se había querido y buscado en todos los cultos, se realiza finalmente de forma real[13].

En resumen, si pensamos en la Última Cena solo como una comida, entonces el Calvario es simplemente una ejecución. Pero si, de hecho, Jesús instituyó la Eucaristía como el memorial sacrificial de la Nueva Alianza, entonces podemos ver

---

[13] Joseph RATZINGER, *Convocados en el camino de la Fe*, p. 99.

cómo el sacrificio que inició en el cenáculo se consumó en el Calvario.

Al mismo tiempo, si lo que Jesús hizo en el cenáculo convierte su crucifixión en un sacrificio, entonces podemos ver cómo, para el autor de *Hebreos*, la resurrección y ascensión de Jesús son lo que transforma ese mismo sacrificio en una liturgia celestial y un sacramento terrenal.

A partir de ese momento, el cuerpo de Jesús no solo está glorificado en el cielo, sino que también lo encontramos en la tierra, lo cual es precisamente la acción divina del Espíritu Santo. Para el autor de *Hebreos*, lo que los «dones y sacrificios» del Antiguo Testamento, «comidas, bebidas y abluciones», nunca pudieron hacer, es decir, «perfeccionar la conciencia del que oficia» (9, 9-10), es lo que nuestro sumo sacerdote hace ahora por nosotros en la tierra, mediante los «dones y sacrificios» que ofrece en el cielo (8, 3). De hecho, esta es la «comidas y bebida» de la Nueva Alianza que compartimos en la Eucaristía: «¡cuánto más la sangre de Cristo, [...] en virtud del Espíritu eterno, [...] podrá purificar nuestra conciencia [...] para que demos culto al Dios vivo!» (9, 14). Tal vez deba señalarse que Jesús hace esto solo por aquellos cuyas conciencias aún necesitan ser purificadas (nosotros), no por «las almas de los justos que han llegado a la perfección» (12, 23).

¿Qué nos está diciendo entonces *Hebreos*?

El sacrificio de Cristo no consiste *simplemente* en su sufrimiento y muerte en la cruz, sino en su acto perfecto de ofrecerse a Dios *a través* del sufrimiento y la muerte. Sufrimiento y muerte que quedan así terminados definitivamente, pero no el sacrificio sacerdotal, que continúa para siempre en el cielo, precisamente en su humanidad deificada, aquella que fue crucificada, resucitada, ascendida y está entronizada «a la derecha» de Dios (*Heb* 10, 12). La humanidad crucificada y glorificada de Cristo encarna así la Nueva Alianza de varias formas:

Primero, es el cuerpo de nuestro sumo sacerdote celestial.

Segundo, su cuerpo es nuestro santuario («la Tienda verdadera» no construida por hombres; *Heb* 8, 2).

Tercero, su cuerpo es el sacrificio de la Nueva Alianza, que constituye la liturgia eterna en la Jerusalén celestial (*Heb* 12, 22-24).

Cuarto, esta liturgia celestial es a la que la Iglesia en la tierra entra a través de la Eucaristía: «Os habéis acercado al monte Sion [...] y al Mediador de la nueva alianza, Jesús» (*Heb* 12, 22-24).

Hebreos se hace así eco de los evangelios al proclamar la Nueva Alianza, es decir, cómo Jesús convirtió su muerte tanto en un sacrificio perfecto como en una liturgia eterna. Por lo tanto, cuando «hacemos esto en su memoria», compartimos el sacrificio de Jesús mientras renovamos nuestro pacto con él en la Eucaristía, como *sacramento* (la palabra latina para jurar un pacto).

Entramos en su presencia real, por el Espíritu eterno, para adorar a Dios junto a los ángeles y santos, en la liturgia celestial de nuestro sumo sacerdote y rey resucitado. Es la acción divina del Espíritu Santo lo que causa la «presencia real» de Cristo entre nosotros, en el sacramento de la Eucaristía, como nuestro Sumo Sacerdote, Santuario, Sacrificio y Liturgia. Jesús ordenó a sus discípulos «haced esto en memoria mía» (*anamnesis*), lo que implica que participamos en su sacrificio sacerdotal. *Hebreos* nos muestra cómo «esto» se hace después de su resurrección y ascensión, cuando Jesús envia al Espíritu Santo, para que la redención que él logró tan perfectamente en nuestro nombre se *aplique* igualmente, en perpetuidad, a la Iglesia[14].

---

[14] Su muerte no se repite, desde luego, es más bien la re-presentación de su ofrecimiento de sí mismo, en la tierra como en el cielo. Como «sacerdote para siempre», su sa-

Las Escrituras de la Iglesia contienen el registro de estas promesas, dadas primero de manera oscura en el Antiguo Testamento y cumplidas esplendorosamente en el Nuevo. El teólogo A. G. Martimort observó: «Lo que el modelo del tabernáculo mostrado en la montaña (*Ex* 25, 9) fue para Moisés, la *carta a los hebreos* y el *Apocalipsis* lo son para la Iglesia»[15]. Y así es; porque ningún libro bíblico ha inspirado e informado tanto las liturgias de la Iglesia como esos dos.

---

crificio es «una vez por siempre», no en el sentido de *finalización* sino en el de *perpetuidad* de su ofrenda celestial, y su *extensión* a nosotros, en la tierra. *Hebreos* nos enseña esto: cómo Cristo ratificó la Nueva Alianza (la Eucaristía) en su propio cuerpo y sangre, como entrega sacrificial.

[15] A. G. MARTIMORT, ed., *The Church at Prayer*, Liturgical Press, Collegeville (MN) 1992, 1, 247.

13. SANTOS HOY

Comenzamos nuestro estudio atreviéndonos a mirar hacia los cielos. Reconociendo la otredad de Dios, nos paramos junto al profeta Isaías para absorber toda la fuerza del *mysterium tremendum et fascinans*, el misterio temible pero fascinante. Ese misterio encuentra voz en una palabra repetida tres veces: santo.

No podemos ver con nuestros ojos lo que vio Isaías. Solo podemos mirar a Isaías, por así decirlo, y maravillarnos ante lo que su asombro significa. Para imaginar el cielo, debemos exigir que nuestra imaginación supere su poder, porque el cielo es lo que «ni el ojo vio, ni el oído oyó, ni el hombre puede pensar» (*1 Cor* 2, 9).

Pero Isaías ciertamente vio algo, y Jesús reveló qué era: una crucifixión. Los serafines declararon que esa visión era la cumbre de la santidad: «Santo, santo, santo».

El sentido bíblico de la santidad es, literalmente, muy diferente de las ideas comunes de hoy en día. Pensamos en la santidad como algo bonito, una pintura en la que los personajes tienen halos dorados. O pensamos en ello como mera corrección moral: el santo como quien hace el bien con una sonrisa.

Sin embargo, la visión bíblica nos impacta, como corresponde. Es otro. Es algo ajeno, inesperado.

David J. A. Clines, el gran lexicógrafo del hebreo bíblico, pasó décadas estudiando los orígenes y el significado de la palabra *kadosh*. Al final, se conformó con una definición simple. En el Antiguo Testamento, la santidad «es un término para el estado o cualidad de la divinidad (es decir, Dios es santo), y para lo que pertenece o está en el ámbito de la divinidad, ya sean personas u objetos (por ejemplo, sacerdotes santos, templo santo)»[1].

La santidad es la propiedad de Dios, y esto es cierto en dos sentidos. Es la cualidad que es característica de Dios. Es su *propiedad* de la misma manera que el cabello castaño y la locuacidad son propiedades que poseo.

---

[1] David J. A. CLINES, "Alleged Basic Meanings of the Hebrew Verb *qdš* 'Be Holy': An Exercise in Comparative Hebrew Lexicography", *Vetus Testamentum* 71, 2021, p. 496.

Pero también es cierto decir que el término es aplicable a cualquier cosa que pertenezca a Dios, cualquier cosa que sea su propiedad, en el sentido de posesión. Así que podemos hablar de la Santa Iglesia, la Santa Misa, el Santo Padre, las Órdenes Sagradas… Son santos porque pertenecen a Dios. Son su propiedad[2].

---

[2] El gran teólogo del siglo XIX, Matthias Joseph Scheeben, lo expresó de esta manera: «La santidad, en efecto, significa la cualidad más alta de la bondad divina, es decir, eminencia singular y augusta, pureza y rectitud. Una criatura puede ser buena en virtud de su naturaleza, e incluso toda criatura es buena en cuanto procede de la mano de Dios… Pero la bondad divina es la más pura y perfecta que se pueda imaginar, una luz que nunca puede ser empañada por la más pequeña mancha. Dios es esencialmente el bien más alto, y no puede ser separado de él, igual que no puede aniquilarse a sí mismo. Por eso llamamos a Dios el único Santo, el tres veces santo, expresando así la más alta prerrogativa de su naturaleza.

Seremos, por tanto, participantes perfectos de la Naturaleza Divina solo cuando, por la gracia del Espíritu Santo, participemos también en su santidad. Los santos Padres identifican esta participación en la santidad de la naturaleza divina con un gran y potente fuego que se apodera de nuestra naturaleza imperfecta, la penetra, la transforma y la limpia de toda escoria y mancha, de modo que nuestra bondad sea, en la medida de lo posible, tan pura y perfecta como la divina. "Incluso los príncipes y poderes del Cielo", dice San Basilio, "no son santos por naturaleza. El hierro que yace en el horno no pierde la naturaleza del

También nosotros le pertenecemos, así que somos santos. Nuestro Dios es un Dios que se ha encarnado y ha soportado voluntariamente la vergüenza horrible de la tortura pública. Hizo esto para compartir nuestra vida y nuestro sufrimiento, y hacerlos santos.

No es hacia donde cualquiera de nosotros, guiado por los deseos de la carne, elegiría ir. Sin embargo, fue el camino elegido por el Dios santo.

En Jesucristo, la santidad ha llegado a las profundidades de la experiencia humana y ha santificado el mundo en el camino. Al trabajar, hizo sagrado el trabajo. Al comer, bendijo nuestras comidas. En su pasión y muerte, convirtió incluso el dolor y la muerte en algo divino. Dios se ha acercado a aquellos que no se atrevían a acercarse a Él; y así, la santidad ahora se puede

---

hierro; y sin embargo, por la unión íntima con el fuego, el hierro se vuelve fuego en sí mismo, es penetrado por toda la naturaleza del fuego, e incluso asume su color, calor y poder. De la misma manera, por su unión con Dios, los ángeles y las almas de los hombres tienen esta santidad introducida e implantada en todo su ser. Solo hay esta diferencia: el Espíritu Santo es santidad por naturaleza, pero la santidad de los ángeles y los hombres es una participación en su santidad natural» (*Contra Eunomio.*, 1,3). M. J. SCHEEBEN, *The Glories of Divine Grace*, TAN Books, Charlotte (NC) 2000, p. 38.

encontrar no solo en montañas designadas o en el santuario central del Templo. Se puede encontrar en cualquier lugar donde estemos, en cualquier lugar donde elijamos acudir a Dios.

En el *libro del Apocalipsis*, nos vemos envueltos en una gran liturgia cósmica. El cielo y la tierra se unen en adoración a Dios, al Cordero y al Espíritu. Como el profeta Isaías, Juan contempla a los ángeles cantando el himno celestial «santo, santo, santo», pero ahora con una diferencia. Mientras que Isaías solo vio ángeles en el coro, Juan ve ángeles y santos, cantando como si tuvieran una sola voz.

En la visión de Juan, Dios lleva a cabo las obras de la creación y redención a través de los actos libres de su pueblo sacerdotal, que consagra el mundo a Dios. Juan ve la historia desarrollarse en imágenes de ritual religioso: los ángeles vierten cálices, que traen castigo a los gobernantes malvados de la tierra; los santos cantan himnos para acompañar la acción. La culminación de la historia es un banquete sagrado y solemne, una fiesta de bodas[3].

Esto es una revelación. El contenido del libro está a la altura del título. Conlleva información

---

[3] Scott HAHN, *La cena del cordero: La misa, el cielo en la tierra*, Rialp, Madrid 2001.

que de otro modo no podríamos haber conocido, sobre nuestro mundo, nuestro Dios y nosotros mismos.

La visión del *Apocalipsis* bíblico es una experiencia mística, y Juan la representa en lenguaje simbólico. Deja claro que Dios es singularmente santo: «Porque tú solo eres santo» (15, 4; cfr. también 3, 7). Ser *santo* es tan característico de Dios que es como su nombre propio (cfr. 4, 8; 16, 5).

Solo Dios es el Santo, y sin embargo, en la visión de Juan hay una multitud de hombres y mujeres descritos como *santos*. Por la gracia y condescendencia de Dios, han llegado a compartir su nombre, y no solo su nombre sino también su poder. Recibieron este privilegio por su bautismo (cfr. *Ap* 20, 6). Vestidos con vestiduras sacerdotales y haciendo gestos sacerdotales, elevan oraciones que dirigen el curso de los acontecimientos humanos (cfr. 5, 8; 8, 3-4). Se muestran como concelebrantes con Dios en la liturgia cósmica y nos muestran en el nivel más profundo lo que san Pablo quiso decir al escribir que «somos colaboradores de Dios» (*1 Cor* 3, 9).

Todos los miembros de este pueblo sacerdotal, todos los ciudadanos de esta nación de sacerdotes, son conocidos por sus frutos. Son «los que guardan los mandamientos de Dios y la fe de Jesús» (*Ap* 14, 12), a quienes se les «ha concedido vestirse de lino resplandeciente y puro —el lino son las buenas obras de los santos—» (19, 8). Como vimos en el capítulo anterior, mediante un movimiento del corazón colocan sus buenas obras en el altar: así Dios santifica cada acción y así le consagran el mundo.

Cuando Juan ve a los santos, nota que algunos de ellos han hecho el sacrificio supremo. Han muerto como mártires por la fe (cfr. *Ap* 16, 6; 17, 6; 18, 24). En una sola acción, colocaron la totalidad de sus vidas en el altar del cielo (*Ap* 6, 9). Tienen un lugar de honor especial entre los santos.

Pero no son los únicos santos. No son los únicos que llevan sus días al altar como una ofrenda sacerdotal.

Y esto, creo yo, es lo que Juan querría que viéramos en su revelación. A su manera, es tan sorprendente y asombroso como la visión de Isaías. Es todo el panorama del trabajo y la experiencia humana.

Es la joven madre en que cambia un pañal. Es el jardinero cortando el césped. Es el fontanero girando una llave inglesa. Es el cocinero inclinado sobre la cocina, revolviendo una olla. Es el periodista encorvado sobre su portátil, el guitarrista rasgueando su instrumento. Cada una de estas es una acción sacerdotal. El cambiador, el césped, la tubería, la cocina, el teclado, el diapasón; cada uno es un altar, y cualquier trabajo honesto ofrecido a Dios se convierte en una expresión de la vida sacerdotal que todo cristiano bautizado comparte con Jesús, el Sumo Sacerdote.

Una vez un reportero le preguntó a santa Teresa de Calcuta, Madre Teresa, cómo se sentía al ser llamada una santa. Tal vez esperaba que ella rechazara el elogio. Pero no lo hizo. Dio una respuesta sorprendente: «Debes ser santo en la posición en la que estás, y yo debo ser santa en la posición que Dios me ha dado. No hay nada extraordinario en ser santo. Es simplemente un deber para ti y para mí»[4].

La llamada es universal. La vocación es común. Debemos ser santos, y por tanto, debemos ser sacerdotes: santificar lo que hacemos y bendecir el pequeño rincón del mundo donde estemos, el lugar que llamamos hogar, el lugar en el que trabajamos. Dios está con nosotros ahí. Ha venido a habitar entre nosotros y a trabajar con nosotros, para que juntos hagamos del mundo una ofrenda aceptable[5].

---

[4] Ralph MARTIN, *Called to Holiness: What It Means to Encounter the Living God*, Servant Books, Ann Arbor (MI) 1988, p.7.

[5] Matthias Joseph SCHEEBEN, *The Glories of Divine Grace*, pp. 38-39: «¿Comprendes ahora, querido cristiano, con qué profunda significación llamamos a la gracia "santi-

Un santo del siglo xx, Josemaría Escrivá, reconoció que ese poder parece demasiado bueno para ser verdad. Lo comparó repetidamente con la premisa de una conocida fábula:

¡He hablado tantas veces del mito del rey Midas, que convertía en oro cuanto tocaba! En oro de méritos sobrenaturales podemos convertir todo

---

ficante"? La gracia santifica no solo en la medida en que a través de ella obtenemos el perdón de los pecados y la fuerza para guardar los mandamientos de Dios. También santifica porque a través de ella nuestra alma se convierte en la más hermosa imagen de la bondad y santidad divinas [...]. Sin embargo, ¡cuán poco consideramos el gran valor de este don y la dignidad sobrehumana que nos concede! "Si solo el hombre hubiera recibido la santidad del Espíritu Santo", dice san Ambrosio, "sin duda estaríamos por encima de todos los ángeles, incluso los más altos" (*De Spir. Sancto* 1, 1, cap. 7). Los Serafines, que alaban solemnemente a Dios como el tres veces santo, nos considerarían muy apropiadamente con la más profunda reverencia [...] Todos los verdaderos cristianos que están en estado de gracia son llamados santos por el Apóstol, porque han sido santificados en las aguas de la regeneración por el poder del Espíritu Santo, y poseen, por así decirlo, la sustancia de la santidad. Todos podemos y debemos llegar a ser santos como ellos, si no en el mismo grado, ciertamente no menos realmente y verdaderamente, porque somos hermanos e hijos de los santos; somos, en verdad, del Dios tres veces santo».

lo que tocamos, a pesar de nuestros personales errores[6].

¡Podéis transformar en divino todo lo humano, como el rey Midas convertía en oro todo lo que tocaba![7]

Nosotros hemos de convertir —por el amor— el trabajo humano de nuestra jornada habitual, en obra de Dios, con alcance eterno[8].

Tal es el poder de las manos santificadas de aquellos que han recibido el sacerdocio común. Incluso nuestras penas, dolores y dificultades consiguen gracia para nuestro mundo. Todo lo que tenemos que hacer es ofrecer lo que tenemos entre manos.

Pero ¿cómo se hace eso? No basta que me digan «sé santo», como dijo Dios a los israelitas. Porque el Señor hizo más que eso: otorgó una ley rica en liturgia y dio al pueblo pequeños rituales, normas de piedad, para que practicaran a lo largo del día. Estas oraciones aseguraban que el recuerdo de Dios siguiera a los israelitas dondequiera que fueran, mientras preparaban

---

[6] San Josemaría Escrivá, *Amigos de Dios*, nr. 308.

[7] San Josemaría Escrivá, *Amigos de Dios*, nr. 221.

[8] San Josemaría Escrivá, *Forja*, nr. 742.

comidas y mientras cenaban, al ir al mercado y al acostarse.

Con el transcurso de los siglos, estas prácticas se desarrollaron en un plan de vida, una forma de vida, que Jesús mismo tuvo el placer de seguir. Vemos en los evangelios que observó con entusiasmo las normas y costumbres de su pueblo. Hacía las peregrinaciones obligatorias y celebraba las fiestas religiosas. Rezaba espontáneamente y cantaba los salmos con sus amigos. Leía las Escrituras en voz alta. Aportaba sus monedas en la cesta de la colecta. Se apartaba durante días, en retiro silencioso.

Siguió las costumbres de sus antepasados y, al hacerlo, nos mostró cómo debía ser una vida de santidad: llena de oración, con elementos de oración privada y pública, tanto silenciosa como cantada, espontánea como litúrgica.

Tu plan será diferente del mío, aunque seguramente haya muchos elementos en común. La oración es el lenguaje de la santidad y, como todo lenguaje, implica palabras, gestos, posturas y costumbres. Los elementos son comunes dentro de una cultura y comprensibles para todos; sin embargo, su expresión es única en cada persona.

Después de dos mil años de cristianismo, descubrimos, como Jesús, que tenemos una gran riqueza. Ciertos detalles son obligatorios, como reconoció el mismo Jesús. Debemos asistir a misa los domingos y días de precepto, aunque podemos ir a diario si lo deseamos. Debemos confesarnos al menos una vez al año, aunque deberíamos intentar ir frecuentemente.

Las obligaciones básicas no constituyen un mínimo: necesitamos hacer más, para que, como Jesús y como nuestros predecesores, podamos crecer en santidad a lo largo de cada día. Podemos comenzar nuestros días con un ofrecimiento, una oración que entrega explícitamente a Dios las horas que siguen. Podemos examinar nuestra conciencia diariamente, para asegurarnos de estar viviendo una vida verdaderamente cristiana. Podemos practicar la oración mental, en silencio, y recitar oraciones vocales tradicionales. Podemos celebrar las fiestas del calendario de la Iglesia.

También podemos completar el resto de nuestra vida de oración con rezando el rosario, novenas y otras devociones, usando agua bendita, iconos e incienso. Nuestras prácticas de piedad pueden y deben involucrar todos nuestros sentidos: vista, oído, tacto, olfato y gusto. A medida que se vuelven habituales, enfocarán nuestra mente y gradualmente santificarán toda nuestra experiencia de vida.

Por observación, estudio, prueba y error, podemos llegar a un plan de vida que sea plenamente cristiano y, al mismo tiempo, también específico para cada uno de nosotros.

Un elemento que no deberíamos omitir es la ayuda de un guía experimentado. El acompañamiento espiritual es indispensable. Busca a tu alrededor para descubrir dónde puedes encontrarlo.

Es en la oración donde nos acercamos cada vez más a Dios y fortalecemos nuestra comunión con Él, nuestra semejanza familiar con Jesucristo[9].

Algunos creyentes piadosos podrían dudar ante tales pensamientos, porque saben que «nuestro Dios es fuego devorador» (*Heb* 12, 29). Saben que Dios es esencialmente distinto de la creación. Entonces, ¿cómo podría la creación, en su condición caída, siquiera soportar el contacto con Él?

La postura bíblica más adecuada, dirán, es «el temor de Dios». «¿Quién no te ha de temer, si eres el rey de las naciones? Es algo que

---

[9] Ralph Martin, *The Fulfillment of All Desire: A Guidebook for the Journey to God Based on the Wisdom of the Saints*, Emmaus Road Publishing, Steubenville (OH) 2006; Thomas Acklin y Boniface Hicks, *Personal Prayer: A Guide for Receiving the Father's Love*, Emmaus Road Publishing, Steubenville (OH) 2020.

tú mereces» (*Jer* 10, 7). El tema es constante en las Escrituras. Job equiparó la sabiduría con el temor del Señor (28, 28). El rey David dijo que era el principio de la sabiduría. Salomón dijo que es el requisito previo del conocimiento (*Prov* 1, 7). El temor de Dios parece ser la única respuesta adecuada a su santidad, la única actitud que «se dirige a la vida» (*Prov* 19, 23).

Y esto no es cierto solo en el Antiguo Testamento. La característica distintiva de la Iglesia primitiva, según san Lucas, era que «progresaba en el temor del Señor, y se multiplicaba con el consuelo del Espíritu Santo» (*Hch* 9, 31).

Sin embargo, yo diría que nada de esto es incompatible con la intimidad que Dios nos ha concedido. De hecho, es el objetivo de su encarnación. Dios se hizo como nosotros para que pudiéramos acercarnos a Él. San Juan nos dice: «No hay temor en el amor, sino que el amor perfecto expulsa el temor, porque el temor tiene que ver con el castigo; quien teme no ha llegado a la plenitud en el amor» (*1 Jn* 4, 18).

No obstante, algo parecido al miedo permanece. Veo un destello de esto en mi amor por mi mujer. Después de más de cuarenta años de matrimonio, todavía tengo miedo de decepcionarla, no porque ella me castigue, sino porque su disgusto me molesta más que casi cualquier otra cosa en la tierra, más que el dolor físico, más que la pérdida material. Los niños se sienten así respecto a sus padres u otros adultos a quienes aman. Un niño llorará, según he podido comprobar, si el abuelo eleva su voz, aunque sea un poco.

En el verdadero amor hay un elemento de asombro, maravilla y pequeñez en presencia de algo mucho más grande. Hay miedo, no al otro, sino a no amar al otro. En el caso de Dios, esa otredad es absoluta, y así el miedo en nosotros puede ser grande, y de hecho, esa grandeza es una virtud.

El temor de Dios es correcto, es apropiado. Nos mueve a la gratitud por la misericordia que se nos ha concedido. Aprendemos de las Sagradas Escrituras que Adán y Eva fueron expulsados del santuario del Edén y se les mantuvo alejados por una espada de fuego; pero a sus descendientes se les mostraron nuevos enfoques de santidad y fueron preparados con tiempo para una salvación que era mayor de lo que podían esperar.

Dios no solo nos ha perdonado, sino que nos ha adoptado; no solo nos ha adoptado, sino que ha compartido su naturaleza con nosotros; no solo nos ha bendecido, sino que nos ha hecho sacerdotes de su bendición y administradores de su santidad. Nos ha ordenado que seamos perfectos como Él es perfecto, misericordiosos como Él es misericordioso, santos como Él es santo, y nos ha capacitado para cumplir ese mandato.

Y se gritaban uno a otro diciendo: «¡Santo, santo, santo es el Señor del universo, llena está la tierra de su gloria!» (*Is* 6, 3).

Ojalá vivamos para verlo, y lo contemos a los demás.

LOS *SANTOS* EN LOS LIBROS DEUTEROCANÓNICOS

Como mencioné al principio, estoy en deuda en la redacción de este libro con los principios establecidos por un erudito incomparable, el rabino Joshua Berman. Berman extrae su material de las Escrituras hebreas, los libros reconocidos como canónicos por los judíos desde la antigüedad.

Aunque muchas personas utilizan los términos *Biblia hebrea* y *Antiguo Testamento* como si fueran equivalentes, no lo son. El canon bíblico utilizado por los judíos desde al menos el siglo II difiere significativamente de los cánones anteriores, como la Biblia traducida por los judíos en Egipto, conocida como la *Septuaginta*. Esta fue la traducción que los primeros cristianos aceptaron como su Antiguo Testamento, y su canon todavía es reconocido por muchos cristianos hoy en día, incluida la Iglesia católica. Esta versión contiene siete libros que no aparecen en la

Biblia hebrea: *Tobías*, *Judit*, *Baruc*, *Eclesiástico*, los dos libros de los *Macabeos* y *Sabiduría*. Estos libros se conocen colectivamente como deutero-canónicos, del griego *deuteros* (segundo) y *kanon* (regla, medida).

Es fácil ver por qué algunos judíos no aceptaron estos libros. Para algunos de ellos no hay versiones hebreas, por lo que pueden haber sido compuestos originalmente en griego. Además, su cultura espiritual representa, respecto a los profetas, un cambio hacia creencias y prácticas que surgirían un poco más tarde como características del cristianismo.

En los libros deuterocanónicos, encontramos una concepción del martirio que es ajena a la religión israelita previa. Los cristianos a menudo citan al patriarca Abel, hijo de Adán, como la (pre)figura de un mártir cristiano. Pero en realidad no cumple con los requisitos. Fue asesinado por envidia por su hermano, que observaba la misma religión. La tradición posterior nos dice que algunos de los profetas murieron en *odium fidei* (odio a la fe), y probablemente sea cierto, pero las historias de sus muertes están notablemente ausentes del registro bíblico.

Los libros deuterocanónicos divergen en sus relatos detallados de las muertes específicas de mártires, así como en sus ricas reflexiones sobre el martirio en general. El *libro de la Sabiduría* retrata a un *hombre justo* particular como el ejemplo de una persona perseguida por la fe. Sus enemigos conspiran para matarlo, diciendo: «Acechemos al justo, que nos resulta fastidioso: se opone a nuestro modo de actuar, nos reprocha las faltas contra la ley y nos reprende contra la educación recibida» (*Sab* 2, 12). Su víctima enfada a los perseguidores afirmando «tener por padre a Dios» (2, 16), «se llama a sí mismo hijo de Dios» (2, 13 y 18). El hombre justo es entonces condenado a una «muerte ignominiosa» (2, 20).

Así encontramos, en un breve pasaje, un lenguaje que parece violar las convenciones de los anteriores libros del Antiguo Testamento. A un hombre se le llama «hijo de Dios» y se le celebra por su martirio, su aparente derrota.

Los otros libros deuterocanónicos siguen el mismo patrón en su concepción del martirio (cfr. *1 Mac* 1, 62-63) y de la filiación divina (cfr. *2 Mac* 6, 18-31; 7, 1-42).

Estos libros también se distinguen de forma significativa por otros factores. Hablan, por ejemplo, sobre la vida después de la muerte, un tema sobre el que el Antiguo Testamento hebreo guarda silencio.

Pero lo más relevante para nuestro estudio es el uso deuterocanónico de la palabra *santo*.

Aparece en varios de los libros, y en el mismo sentido inusual que observamos en el *libro de Daniel*. En *Tobías*, el personaje Ragüel llama a los «santos» para bendecir al Señor (*Tb* 8, 15). El *libro de la Sabiduría* (cfr. 5, 5; 18, 9) usa la palabra «santo» igual que los *libros de los Macabeos* (cfr. *1 Mac* 7, 17).

De hecho, todos estos términos parecen converger. Da la impresión de que los autores inspirados los usan indistintamente. Un *santo* es lo mismo que un *hijo de Dios*: «¿Cómo ahora es contado entre los hijos de Dios y comparte la suerte de los santos?» (*Sab* 5, 5). Un santo es lo mismo que un mártir: «Esparcieron la carne y la sangre de tus santos en torno a Jerusalén y no hubo quien les diese sepultura» (*1 Mac* 7, 17).

Estas diferencias en el canon seguramente explican la incomodidad de los antiguos rabinos. En muchos aspectos, los libros son innegablemente conformes y continuos con el patrimonio de Israel, pero también parecen ser (casi) cristianos. Son un puente explicativo *entre los testamentos*, por así decirlo, tomando prestado el título de un popular libro de texto protestante sobre el deuterocanon.

Como ya hemos visto en los capítulos anteriores de nuestro estudio, Dios había estado preparando la salvación de su pueblo durante milenios. Con cada etapa surgían nuevos desarrollos. El espíritu de la religión mosaica difería en aspectos importantes del espíritu de la religión patriarcal. La religión del reino, a su vez, difería en aspectos importantes de las etapas precedentes.

Los Padres de la Iglesia juzgaron que los libros deuterocanónicos estaban en continuidad con la religión de Israel pero que además apuntaban claramente a su cumplimiento. Fueron, y son, un segmento importante en la historia de la salvación. La primera Iglesia los juzgó como inspirados, al igual que los judíos aún más tempranos y la Iglesia católica nunca ha rechazado esta tradición.

Leídos desde una perspectiva cristiana, los libros deuterocanónicos confirman la verdad de la tesis del rabino Berman: nos muestran a Israel en el umbral de la salvación en Jesucristo.

ESTE LIBRO, PUBLICADO POR
EDICIONES RIALP, S. A.,
MANUEL URIBE, 13-15, 28033 MADRID,
SE TERMINÓ DE IMPRIMIR
EN ARTES GRÁFICAS ANZOS, S. L.,
FUENLABRADA (MADRID),
EL DÍA 26 DE JUNIO DE 2024.